聖ホセマリア・エスクリバー

天と地をつなぐ道

中井俊已

ドン・ボスコ新書

目次

本書では、聖ホセマリア・エスクリバーを、「ホセマリア」「エスクリバー神父」など、その年代、状況に応じて、さまざまな呼び方で表しています。その中の「パドレ」（司祭・神父・父という意味）という呼び方は、聖ホセマリアとともに歩んだ世界中の多くの人が親しみと愛情をこめて「お父さん」という意味合いで使っていました。聖ホセマリア自身も、自分のことを「あなた方のパドレ」と言うことが頻繁にありましたし、著者自身にも「パドレ」が、今もなおいちばん馴染み深い呼び方となっています。

はじめに～天と地をつないだ「日常生活の聖人」

「天と地は地平線で一つになるように見えます。しかし、実はそうではない。天と地が本当に一つになるのは、日常生活を聖化しようとする皆さんの心の中なのです」（ホセマリア・エスクリバー著『教会を愛する』収録「愛すべき天地」）

聖ホセマリアは、多くの人の心の中に天と地をつないだ「神の人」だった。会った人は、神父に好感をもった。微笑みかけられた人は、愛されていると感じた。話を聞くと、燃えるような火が心に伝わってきた。言葉を交わした人は、自分のことをすべて打ち明けたくなるほど信頼できた。その行いと教えを知ると、自分を変えたいという熱い望みが湧き上がってきた。一緒にいると、自分をささげ、神と人を愛することの素晴らしさを知ることができた。

聖ホセマリアのおかげで、天と地をつなぐように日常生活を送れるようになった人は、今世界中にどれだけ多いかしれない。

カトリック教会は、その帰天後わずか十七年で聖ホセマリアを列福し、その十年後に列聖した。聖ホセマリアを列聖した教皇ヨハネ・パウロ二世は、列聖式翌日の感謝ミサに参列した人々に次のように語った。

「聖ホセマリアは、聖性への普遍的な召し出しを告げ知らせ、かつ、日常生活のいつもの活動が聖性への道であることを示すために、神によって選ばれました。聖ホセマリア・エスクリバーは『日常生活の聖人』だったと言えます」（挨拶全文は、オプス・デイ公式ホームページに収録）

しかし、日本では聖ホセマリアはまだほとんど知られていないのが実状である。

本書は、一度も聖ホセマリアに会う機会のなかった日本の人々に、彼の生涯について、わかりやすく紹介するために書いたものである。聖ホセマリア・エスクリバーとその教えを知ることは、日本でも多くの人に役立つと私は確信する。カトリック信者だけではなく、キリストを知らない多くの日本人に役立つ何かを与えるに違いない。

実を言うと、私も聖ホセマリアに会ったことがない。しかも、大学生になるまでキリスト教の信者でさえなかった。しかし、大学一年生のとき、聖ホセマリアが書いた『道』に出合った。『道』は、世界五十カ国語に訳され、約五百万部発行されている霊的書物のベストセラー。九百九十九の短文からなるこの黙想のしおり集は、次の言葉で始まっていた。

「あなたの一生が無益であってはならない。役に立つ何かを残しなさい。信仰と愛の光ですべてを照らすのだ」(『道』1)

当時、宗教に無関心だった私が、この言葉とこの本に出合っていなければ、カトリック信者にはなっていなかったと思う。

洗礼を受けたことへの感謝は、齢を重ねるほどに湧き上がってくる。今、カトリック信者であることに誇りと喜びがもてるのも、聖ホセマリアのおかげだと有り難く思う。

面識のない者にも、聖ホセマリア・エスクリバーは今も影響を与え続けているのである。

著者

序章　聖ホセマリア・エスクリバー

青空の列聖式

青い空がどこまでも広がっていた。

二〇〇二年、十月六日、ローマの聖ペトロ広場とその付近の通りを数十万人の人々が埋め尽くしていた。オプス・デイ創立者ホセマリア・エスクリバーの列聖式に参加するために世界中から集まった人々である。

幸い、私も日本からの巡礼団の一人として、その式典に参列することができた。

聖ペトロ広場に入ることのできなかった者は、付近の通りで巨大スクリーンに映し出された式典にじっと目を凝らしていた。それら数十万人の国も民族も言語も異なる人々が、教皇ヨハネ・パウロ二世の司式に合わせて心を一つにして祈る。青空の下の数十万人による静寂《せいじゃく》と歓喜。胸がふるえた。さらには、この列聖式のミサはおよそ三十カ国でテレビ放映され、数百万人もの人が観たと聞く。

もしも仮にエスクリバー神父が生きており、この光景を見たらなんと言うのだろう、と考えてみたが、それは明らかにバカげた空想だった。

神父は、自分が称《たた》えられるような場には、まず姿を現さない人だった。生存中も聖性の誉《ほま》れが高かったとはいえ、神父は自分が目立つことを好まなかったし、自分が誉《ほ》められそうになれば否定した。「隠れて過ごし、イエスのみが光り輝くこと」（ヨハネ3・30参照）、これがホセマリア神父の生涯のモットーであったから。

ホセマリア・エスクリバー神父列聖式

聖ホセマリアは「創立者」、また教皇から任命された「高位聖職者」という厳めしいイメージとは、ほど遠い、気さくで親しみやすい人柄だった。自分が病気だったり、前夜ほとんど眠っていなかったときでも、周りの人々が余計な心配をしないように楽しい時間を過ごせるように気を配った。誰かを叱らなければならないことが起こると、いちばん苦しんだのは彼だった。必要があれば厳しく叱ったが、その人への愛情と信頼に基づいていたので、叱られる者は喜んで受けとめることができた。

また、極めてすぐれた知性の持ち主であり、稀にみる理解力と問題解決能力をもちながら、自分の偉大さを示そうとする態度はみじんもなかった。ある人々が彼を称賛するときには、その賛辞をきまって神のほうに向けるのであった。

教皇ヨハネ・パウロ二世は、列聖式の説教で、キリスト者の祈りと仕事で世界を神にささげ、社会を内部から清め、社会の隅々までに神をもたらすという、新聖人ホセマリア・エスクリバーの模範と教えを繰り返し、一人ひとりがそれを実践するようにと呼びかけた。

「神との付き合いは、家庭生活、仕事、社会生活、つまり小さなことの連続である実生活と切り離せません。それらは、神がおられる聖なる唯一の生活を形作っています。『最も身近な物的なものの中に、目に見えない神を見つける』(『ホセマリア・エスクリバーとの会見』一14）のです。この教えは、現代にピッタリ当てはまる緊急の課題です。洗礼によってキリストに結びつけられた信者は、神とのたゆまない生き生きとした関係を築き、人類救済に協力するように呼ばれています」（説教の全文はオプス・デイ公式ホームページに収録）

エスクリバー神父の列聖は、彼が生涯をかけて世界中の人々に伝えてきたメッセージが公に認められたということも意味する。

このように世界中に影響を与えてきた聖ホセマリア・エスクリバーとは、どのような人物だったのだろう。

第一章　子ども時代

何か特別なことのため

ホセマリア・エスクリバーは、一九〇二年一月九日、スペインのバルバストロで生まれた。父ホセ・エスクリバーと母マリア・ドローレスの初めての男の子だった。父ホセは友人と共同で織物店を営む実業家であった。ホセ・エスクリバー氏を知る人は、彼がいつも朗《ほが》らかで善意にあふれた人であったと語る。母ドローレスは、家事に専念する普通の主婦だった。上品で明るく気立ての良いしっかりした女性だったらしい。

ホセマリアが二歳のとき、彼の生涯にとって重要な出来事が起こった。重病に襲われ、二人の医者に診てもらったが容態は悪化するばかり、友人である医者からは、明日までもたないいのちだと宣告されたのである。若い夫婦は悲しみに沈み、途方に暮れた。幸い、二人には信仰があった。神と聖母マリアへの信頼を失わなかったのである。

その晩、母のドローレスは、夫と相談して聖母マリアに祈った。

「わが母よ。私の息子を治してください。治してくださいましたら、私たちはトレシウダのあなたの庵に巡礼に参ります」

ホセとドローレスは、ホセマリアのベッドの傍らで、病《やまい》にあえぐ息子を見つめ、夜通し祈った。

翌朝、友人の医者がやってきてホセに尋ねた。

「子どもは、何時ごろ亡くなったんだね」

「死んだって！ それどころか、すっかり元気になったよ。まあ、奥に入って自分で確かめて」

医者は驚き、呆気にとられた。死んだはずのホセマリアが、ベッドの手すりにつかまりながら、飛び跳ねているではないか。奇跡だと思った。

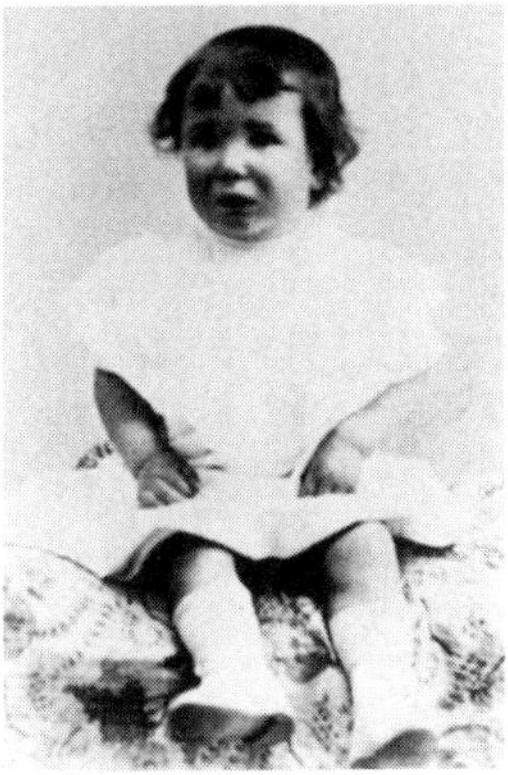
2歳のころ

その後まもなく、ドローレス夫人は聖母との約束を果たす。聖母への巡礼である。バルバストロからトレシウダの聖母庵に行くためには、狭く急な山道をたどらねばならなかった。母は毛布にくるんだ息子を抱いてラバの背に乗り、父はラバの手綱を引いた。聖母が息子ホセマリアを奇跡的に治してくださったことに感謝し、また息子を聖母にささげる巡礼となった。

この出来事は、ホセマリアを照らす最初の光となった。ドローレスは、大きくなったホセマリアにたびたび語った。

「ホセマリア、あなたが九死に一生を得たのは、マリアさまがあなたに何か特別なことを望んでおられるからよ」

やんちゃな子ども

四歳になったホセマリアは、快活で賢く、いたずらっ子、幼稚園に行くのが大好きな子どもだった。幼稚園は、ほとんどの子どもにとって、初めて親から離れ、教師の指導のもとに大勢の友達と集団生活をしていく場である。幼い子どもであっても、幼稚園で人生の大切なことを学ぶことがある。

ホセマリアも、そこで生涯忘れられない教訓を学んだ。ある朝の休み時間のこと、一人の女の子が泣きじゃくりながら教室に入ってきた。

「どうしたの」

「あのね。私をぶったの」

と先生が心配そうに尋ねた。

「誰が、ぶったの」

そう先生が聞いたとき、友達の一人が答えた。

「ホセマリアだ」

濡《ぬ》れ衣《ぎぬ》だった。ホセマリアはしていなかった。友達の見間違いか、勘違いか、あるいは悪意による証言か、真相はわからない。しかし、幼い子どもの間ではよくあることだ。

「そんなの嘘だよ。ぼくはしていないよ」

ホセマリアは弁明したが、先生には聞き入れてもらえなかった。何もしていなかったのに、ホセマリアは叱られ、罰を受けた。

このエピソードから察するに、ホセマリアはごく普通の少年だったのだろう。少なくとも、彼の弁明が聞き入れられなかったことからすると、幼稚園の先生にとって、ホセマリアは他の幼稚園児と同様、申し分のない優等生ではなかったようだ。後に世界中の人々から聖人だと称される人が、ごく普通の子どもだったことに、私はいくらか安心するし勇気づけられる。

ホセマリアは、濡れ衣を着せられ罰を受けたことで誰かを恨むことはなかったが、この体験から学び取ったものを忘れなかった。小さなことでも正義に反すれば、人を傷つけるということがわかったのである。

恥ずかしいことは罪だけ

ホセマリアは、母親が大好きだった。ドローレス夫人は、上品で器量良しのしっかり者、気立ての良い明るい女性だった。三歳年上の姉のカルメンやホセマリアが友達を連れてくると、変装ごっこ用に衣類を貸してやったり、快く子ども部屋で遊ばせたりする。おやつの時間には、よくチョコレートつきのパンやオレンジを用意してやる。夫人はいろいろな機会をとらえては、ユーモアを織り込みながら、子どもたちの信仰心を深くするように心がけていた。

こんな話がある。親戚や母の知人たちが頻繁にエスクリバー家を訪れていた当時、長男のホセマリアは、いつも挨拶に出なければならなかった。しかし、母の友達のほおずりが嫌でたまらない。

「ホセマリアは家にいるの?」

「ええ、遊んでいるはず」

「じゃあ、来るように呼んでちょうだい。挨拶のキスをしたいと言ってちょうだい」

ドローレス夫人は廊下に出て、何度もホセマリアの名を呼ぶが、返事がない。

「ははあ、そういうことね」

察しがついた。彼女は夫のステッキを一本もって、寝室に入っていき、ベッドカバーを持ち上げて言った。

「ホセマリア、出ていらっしゃい」

案の定、彼はベッドの下にもぐりこんでいたのだ。新調の服を着せられたときも、恥ずかしがってベッドの下に隠れてしまったことがあった。

「ホセマリア、おばさまにちゃんと挨拶のキスをするのよ」

「いやだよ。恥ずかしいよ。したくないよ」

すると、夫人は夫のステッキで床をコツコツ叩き続ける。ホセマリアは観念して不《ふ》承《しょう》不承《ぶしょう》ベッドの下から出てくるのであった。

「ホセマリア、さあ、ご挨拶をしていらっしゃい」

夫人は、モジモジとうつむいているホセマリアにきっぱりと言った。

「ホセマリア、恥ずかしいのは、罪を犯すことだけなのよ」

母親のこの言葉とその深い意味は、ホセマリアの心に生涯生き続けることになる。

キリスト教信者の家庭

年を経るにつれて、両親から受け継いだ信仰心は次第に増していった。ドローレス夫人は、どんなに忙しくても、子どものために少しでも時間をつくるようにしていた。

「ホセマリア」と呼ばれると、彼は飛んできて母を見つめた。

「さあ、私のそばにお座り」

ホセマリアは喜んで従った。両親の言葉に耳を傾けることが、楽しかったからである。

「居間にかけてあるあの御絵《ごえ》を注意して見たことがあるでしょう」

「うん、あるよ。マリアさまがイエスさまをだっこしている絵でしょう」

「そう、どうしてあそこに絵がかけてあるか、知ってる？」

「うーん、どうしてかな」

いつも目にする絵ではあったが、ホセマリアは、あまり深く考えてみたことがない。

「それはね、あの絵を優しくじっと見つめて、心をこめてお話をするためなの」

そう言えば、両親があの絵を見つめているのを何度も目にしたことがあった。

「お母さん、何をお話しすればいいの？」

「そうね。あるときはマリアさまに心をこめて挨拶をしたり、別のときには私たちや他の人たちのために助けをくださいって頼んだり、私たちの仕事をおささげしたりすればいいのよ」

このようにしてホセマリアは、祈りの仕方を両親の模範と言葉から学んだ。

毎朝、母のドローレスは、子どもの寝室に来て、子どもたちといっしょに一日の奉《ほう》献《けん》をしたものである。

「み母マリアよ、あなたに私のすべてをささげます。私は子としてあなたを愛し、私の目、耳、舌、心、私のすべてをあなたにささげます。慈しみ深いみ母よ、あなたのものとなった私を見守り、あなたの子として導いてください」

夜寝る前には、父親のホセと一緒に夕の祈りを唱えた。そして、ホセマリアもマリアの御絵《ごえ》に向かって、「アヴェ・マリアの祈り」を三回祈り、天の御母に「おやすみなさい」を告げた。

また、毎日夕方になると、両親は居間でロザリオを唱えた。ときには、その模範にならって子どもたちも両親と一緒に唱えた。初めは、一連（「主の祈り」一回、「アヴェ・マリアの祈り」十回、「栄唱」一回）だけ。もう少し大きくなるともう一連を唱えた。さらに少しずつ数を増やしていった。

幼いときに両親から教えられた祈りは多くなかったが、心をこめて祈るようにホセマリアはつとめた。両親が祈ったように彼も祈った。

これらの祈りをホセマリアは生涯続け、後に彼をパドレ（お父さん）と仰ぐ世界中の霊的子どもたちにも教えることになる。

ゆるしの秘跡と目玉焼き

ホセマリアは六歳になった。ある日、母のドローレスは、息子に言った。

「もうあなたも大きくなったから、そろそろゆるしの秘跡《ひせき》を受けてはどうかしら」

「ゆるしの秘跡って、なあに?」

ホセマリアは、教会に告解《こっかい》場というものがあり、父も母もたびたびそこで神父と話をするのを知っていた。しかし、ゆるしの秘跡というものは何か、知らなかった。

「あのね、ゆるしの秘跡っていうのは、イエスさまと出会うことなの。イエスさまが神父さまをとおして、洗礼を受けた後に犯した罪をゆるしてくださることなの」

ホセマリアは瞳を輝かせ、いくつもの質問を始めた。

「ねえ、お母さん、イエスさまは全部の罪をゆるしてくださるの? それとも、その中のいくつかだけ？」

「全部よ。もし、心から罪を痛悔《つうかい》しているならね」

「イエスさまは何回ゆるしてくださるの？」

「何回でも。ゆるしてくださいとお願いして、また同じ罪を犯さないように頑張る決心をするなら、何度でもゆるしてくださるわ」

「どうして、何度でもゆるしてくださるのかな」

「それはね、イエスさまは、世界中の全部のお父さんたちとお母さんたちが一緒になって愛してくれるよりも、もっと私たちを愛してくださっているからなのよ」

「えっ、そんなに！」

「そう、そんなによ。だから、私たちを罪から救うために十字架の上で亡くなってくださったの」

「でも、罪を全然犯さないって難しいよねえ」

「それはそう。私たちの力だけではできないことなの。だから、イエスさまとマリアさまに、助けてくださいってお願いするの」

ホセマリアは、こう聞いて嬉しくなり、ゆるしの秘跡が待ち遠しくなった。ホセマリアの準備が整うと、母は自分の聴罪司祭《ちょうざい》と約束をとって、息子を連れていった。こうして無事に初めてのゆるしの秘跡を終えて家に帰ると、ホセマリアは父に話しかけた。

「ねえ、お父さん」

「なんだい。もう、ゆるしの秘跡に行ってきたのかい」

「うん、とても簡単だったよ」

「じゃあ、今、心の中はどんな感じかな」

「とっても気持ちいい」

父のホセも、にこにことして嬉しそうだった。

「それで、神父さまからどんな償《つぐな》いをするように言われたんだい？」

「あのね、お母さんに目玉焼きを作ってくれるように頼みなさいって……」

父のホセは司祭のこの素晴らしい思いつきに声を上げて笑った。母は微笑みながら言った。

「あの神父さまったら、何かお菓子を食べなさいって言うならともかく、目玉焼きとはね」

後にエスクリバー神父は、このエピソードを取りあげながら語った。

「今でも、私にはあのときの父の高笑いが聞こえてくるようです。多分、あの神父さまは目玉焼きが大好きだったのです。それにしても、あの年齢の子どもにとって母親の聴罪司祭から目玉焼きを作ってもらうようにという償いほど、素晴らしいものがあるでしょうか。あの司祭は、いくら誉められても誉め足りないくらいです」

ホセマリアにとって、その日は一生忘れられないお祝いの日となった。ゆるしの秘跡をとおしていつもゆるしてくださるイエスさまの愛と、この秘跡が心に残す喜びを味わえたからである。

初聖体とやけど

ホセマリアは、両親や姉妹たちと一緒にいるのが好きだった。皆としょっちゅういろいろなところへ出かけた。あるときのことである。母が出かける支度をしていた。

「お母さん、どこへ行くの？」

「カテドラルにイエスさまを訪問しに行くの」

ホセマリアは、母がよくカテドラル（司教座聖堂《しきょうざせいどう》）へお祈りに立ち寄っているのを知っていた。

「ついて行ってもいい？」

「いいわ。一緒にいらっしゃい」

ホセマリアの家からカテドラルは、すぐ歩いていける距離にあった。母親が聖体訪問《せいたいほう もん》の祈りをしている間、ホセマリアは中央の祭壇《さいだん》をじっと見ていた。視線を上げると、アラゴン地方のカテドラルに多い、丸い小窓が見えた。

「お母さん、あのガラス窓の向こうには何があるの？」

「あそこにはね、ご聖体のイエスさまがいらっしゃるのよ」

「どうして、イエスさまはあそこにいらっしゃるの？」

「それはね、私たち人間を愛してくださっているからなの。誰でも、愛している人と一緒にいたいでしょ、ずっと……」

母の言葉は、ホセマリアの心を揺り動かした。それ以来、ご聖体を礼拝しているマリアの聖画が、彼の心に深い印象を焼きつけるようになった。自分もイエスを拝領したい、との熱い望みが湧き上がってくるのであった。

「主よ、あなたの尊いみ母が、あなたをお受けになったときの清さと謙遜と信念をもって、また聖人たちの心と熱意をもって、わたしもあなたをいただくことを望みます」

神父から習った「霊的聖体拝領《れいてきせいたいはいりょう》」の祈りを、ホセマリアはたびたび唱えるようになった。聖母と同じ愛をもって拝領できるように、聖母に願った。

十歳、いよいよ初聖体の日になった。初めてイエスに出会うこの大事な日には、頭のてっぺんから足のつま先まできれいにして、いちばん良い服を着てミサにあずかる習慣があった。ホセマリアも前日、理髪店の若者が家まで来て、髪をきれいにしてくれていた。

しかしこのとき、誰も知らなかったのだが、ホセマリアは頭にやけどをした。若者がホセマリアの髪にウエーブを作る際、皮膚に熱したコテを当ててしまったからである。ホセマリアは、やけどが痛かったが何も文句は言わなかった。両親を心配させたくなかったし、次の日に拝領するイエスに犠牲としてささげようと思ったからだ。

当日、厳かなミサの中で、いよいよ聖体拝領のときが近づいた。両親や家族が見守る中、ホセマリアは聖体を掲げる司祭の前にひざまずいた。これまで幾度も幾度も声に出して唱えてきたあの祈りを心の中で繰り返した。

「主よ、あなたの尊い御母が、あなたをお受けになったときの清さと謙遜と信念をもって、また聖人たちの心と熱意をもって、わたしもあなたをいただくことを望みます」

司祭の声が聞こえた。

「キリストの御体《おんからだ》」

「アーメン」

自分の席に戻って、両手に顔をうずめて、イエスに話をした。

「イエスさま、いつもありがとうございます。イエスさま、あなたを心をこめて愛し、どんな罪をも避けられるように助けてください」

妹たちの死

長男ホセマリアの姉妹には、三歳年上の姉のカルメン、三歳下の妹アスンシオン、五歳下の妹ロレッタ、八歳下の妹ロサリオがいた。

この家族に相次ぐ不幸が襲った。その最たるものは妹たちの死であった。

最初は、初聖体と前後するが、ホセマリアが八歳のとき、ロサリオが満一歳の誕生日を迎える前に亡くなった。次は、ロレッタがその二年後、五歳で逝《い》った。そして、一年もたたないで、八歳のアスンシオンが病にかかった。

アスンシオンは、金髪の人形のようにかわいらしい子で、下の二人の女の子たちが亡くなってからは特に皆、アスンシオンをかわいがり、とりわけホセマリアはアスンシオンが大好きだった。

ホセマリアには、アスンシオンの死をすぐには知らされなかった。母のただならぬ様子に、ホセマリアはその腕に飛び込んで尋ねた。

「お母さん、アスンシオンの具合はどうなの」

「ええ、……とってもいいわ。今はね、天国に行って、イエスさまのそばにいるわ」

堪えきれず、泣きじゃくるホセマリアに、母は繰り返し言って聞かせなければならなかった。

「そんなに悲しまないで。アスンシオンは今、天国にいることがわからないの」

母の顔を見つめると、そこには深い悲しみとともに平安があるのを感じた。親戚の人が集まって、アスンシオンの寝室で祈っている。ホセマリアもアスンシオンの側にいてやりたかった。白い服を着せられ、たくさんの花に飾られて眠る妹がいた。ホセマリアは妹を見つめ、涙ながらに祈った。

「イエスさま、マリアさま、どうかぼくの妹を天国でかわいがってあげてください」

一番下の妹から始まって、すぐ下の妹までが次々と亡くなっていった。それが十一歳の子どもにつらくないわけがない。いつしかホセマリアは、こんなことを言うようになった。

「今度は、ぼくの番だ」

母はその言葉を聞くと悲しみにとらわれながらも、言った。

「心配しないで、ホセマリア。あなたは、トレシウダのマリアさまにおささげしてあるのだから」

父の破産と転居

父親のホセは、バルバストロで織物店を営む実業家だった。しかし、彼の事業は次第に傾いていった。ホセは善良で正直者だったから、誰かにだまされたのだと人々はうわさしていた。

暮らし向きは日々悪化していく。アスンシオンが帰天したとき、ホセの事業は破産寸前であった。ドローレス夫人は、一日中休みなく家の仕事を切り盛りしていかねばならなかった。皆は夫人の常に変わらぬ微笑みに感心していた。経済的に困ってはいたが、不平をこぼすことはなかった。後にエスクリバー神父は語っている。

「母が手持ちぶさたでいるのを見たことがない。いつも、繕《つくろ》い物や編み物や読書に精を出している優しい主婦、キリスト教信者の家庭の主婦でした。ただ時間を十分に活用できたのです」

父のホセも勤勉に働く、誠実な人だった。いつも落ち着いて、微笑みを絶やさない優しい父だった。

「私は父をヨブの生まれ変わりのように考えていました。苦しみをおくびにも出さず、喜んで苦しみを忍んでいました。父の勇気ある生き方から多くを学びました」

ホセマリアが十四歳のとき、借金の保証人になったことから、ついに父のホセは破産した。このため一家はログローニョに移り住むことになる。ログローニョは、バルバストロから遠く離れた商業都市である。ホセはそこで、布地店の仕事を見つけていた。

一家にとって住みなれた故郷を後にし、親しい友人たちとも離れることはつらい出来事だったろう。しかし、ホセマリアの両親は、それでも朗らかさと落ち着きを失うことはなかった。経済的な窮乏《きゅうぼう》も、つらい転居も、神のみ旨《むね》だとして受け入れるのだった。このように、エスクリバー家に次々と試練を送ることで、神はオプス・デイ創立者になるべき人物を育てていったのであろう。

後にエスクリバー神父は、述懐している。

「父は破産してしまいました。主が私にオプス・デイを始めるようお望みになったとき、私にはお金もなく、あったのは神の恩恵と朗らかな心だけだったのです。このような状態が私のためにどれほど役に立ったか、わかるでしょうか。今となれば、以前にも増して父を愛し、神に感謝しています。父の事業がうまくいかなかったからです。おかげで、清貧《せいひん》とは何かを知ることができました。万一、うまくいっていたとすれば、清貧とは何かを知ることもなかったでしょう。聖なる誇りをもって、心から父を愛しています。天国のずっと高いところにいると確信しています。路頭《ろとう》に迷うと言っていいほどの屈辱を受けながらも、品位を失わず、素晴らしくキリスト教的な態度ですべてを忍んだからです」

学校生活と将来の夢

ホセマリアは、ログローニョの学校に転入した。明るく優しい性格なので、新しい学校の級友ともすぐ仲良くなれた。その中に、イシドロ・ソルサノがいた。彼は十数年後に偶然に再会し、後にホセマリアが創立するオプス・デイの最初のメンバーとなる人物である。二人とも当時から読書が大好きで、読んだ本のことを互いに語り合っては友情を深めたものである。

しかしホセマリアは、もっと本を読みたい気持ちを抑えて、勉強の時間をつくるようにつとめていた。自分の学費のために、両親が大変な苦労をしていたのを知っていた彼は、それに応えたいと思っていたからだ。ホセマリアは、勉強に精を出し、優秀な成績を収めるようになった。

一年後、ホセマリアは十五歳になった。背が高くがっしりした体格の朗らかな少年に成長していた。そして、将来の夢をたびたび考えるようになった。

ある日、父のホセと話し合ったこともある。

「お父さん、ぼくは建築家になりたいんだけど」

「建築工学を選ぶのはいいけれど、そのための勉強は難しくて、長い間続けなければばならないことも頭に入れておくんだね」

「わかっています。それに、お金がたくさんかかることも」

「そんなのは問題じゃない。お金はなんとかなるさ。それよりも大切なのは、おまえが好きでその道を選んだかってことだよ」

ホセマリアは、父の言葉に勇気づけられて、ますます勉強に力を入れるようになった。

第二章　夢に向かって

雪の上の足跡

一九一七年の冬、ログローニョ地方はかつてないほどの寒気に見舞われた。日ごとに寒さが激しさを増し、気温は零度をはるかに下回るようになった。夜の間に静かに雪が積もり、朝を迎えた。あたり一面が白い雪だった。樽の中のぶどう酒は凍り、川の表面も氷で被われたという。夜の間に凍死した人もいたらしい。記録的な大雪だった。

ホセマリアは、表に出ると白色に変わった街並を眺めた。突然、彼の目は何かに強く引きつけられた。真っ白い雪の道に続く何かの跡。近づいて見ると、わかった。人の足跡だった。しかも、裸足《はだし》のように見える。

いったい誰のだろう。はやる心を抑え、ホセマリアは真っ白い雪の道に、くっきりと残る一筋の足跡をたどってみた。足跡の主に、やっと追いついた。跣足《せんそく》カルメル会の修道士であることが、その姿からわかった。その修道士は用事を終え、町の外にある修道院に戻るところだったのである。

この出来事に、ホセマリアは衝撃を受けた。熱い何かが彼の中で渦巻いた。あの修道士は神への愛のためにこんなにつらい犠牲をいとわない。それなのに自分は神のために何をしているのか、何をすべきなのだろうか、と問うのだった。

以来、ホセマリアは、神に近づきたいという望みを強くもつようになる。その望みを行いに表すようにもなる。毎日ミサにあずかり、聖体拝領をするようになった。たびたびゆるしの秘跡にあずかり、神と人々への愛のために毎日、犠牲をささげるようにもなった。祈りの中で、「神よ、あなたは私に何を望んでおられるのか」としばしば問いかけた。

あの雪の日に見た裸足の足跡が、若きホセマリアの心を揺さぶり、大いなる愛の望みへと燃え立たせたのである。

司祭職への召し出し

少年時代のホセマリアをみてきた人々の中に、彼が司祭になると思った人は誰もいなかったという。彼自身も後にこう語っている。

「私は司祭になるとか、神にすべてをささげた生活をするようになると考えたことは、それまで一度もありませんでした。家庭では、両親の模範による宗教教育がなされ、司祭職は敬うように教えられました。しかし、司祭職は、自分の道ではなく、他人の道だと考えていたのです」

それにもかかわらず、召し出しの道は少しずつ開かれていたのだ。目立たないごく平凡な生活の中に、神はいろいろな出来事をとおして、そのみ旨をお示しになる。雪の上の足跡を見たとき、彼は神の呼びかけを確かに感じた。しかし、それがどのようなものか、具体的にはわからなかった。

それ以後、彼はあの足跡を残した修道者をたびたび訪れて心を打ち明けた。その修道者はホセ・ミゲル神父といい、当時女子カルメル会修道院の傍らに住み、その教会を担当している修道者の一人だった。神父は修道者の召し出しをほのめかすが、ホセマリアには自分の道は別のような気がしていた。しかし、司祭になれば、神の望まれていることがわかるかもしれない。神の望みがもっと果たしやすくなるに違いない。そういう考えが、彼の中で次第に大きくなってきた。

ある日、ホセマリアは父に、司祭になりたいと打ち明けた。父親にはその言葉がかなりのショックだったようだ。彼は黙り込み、その目から涙が流れた。ホセマリアにとって父親が泣いているのを見たのは、後にも先にもこのとき限りだったという。後に語っている。

「父にはほかの計画があったからです。しかし反対せずに『よく考えてみなさい。司祭というものは、聖人でなければならない。それに、結婚もしない、家庭ももたない、この世での愛をもたない。つらいことだ。しかし、反対はしないよ』と言いました」

父は後日、息子を指導してもらうために、友人の神父のところへ息子を連れて行った。両親は、息子にかけていた自分たちの夢をあきらめねばならなかった。家の経済状態の建て直しを手伝ってくれるという希望も捨てねばならなかった。ホセマリアは、両親の将来を案じて、深い信仰をこめて神に祈った。

「神さま、ぼくのかわりになる、もう一人の男の子を両親にお与えください」

神はその願いをお聞き入れになった。十カ月後、エスクリバー家にもう一人の男の子が生まれ、サンティアゴと名づけられた。

神学校時代

ホセマリアは司祭になる決意を固めた。神が自分に何かを求めておられることが漠然とだが感じられる。それを果たすためには、まず司祭になることが神のみ旨だと彼は考えたからである。

ログローニョの神学校で二年間勉強をした後、サラゴサの神学校に移った。サラゴサは、首都マドリードと大都市バルセロナのちょうど中間に位置するスペイン第五の都市である。カテドラルとピラールの聖母教会は二百メートルも離れずに建ち、エブロ川の対岸から見る二つの教会の姿はことさら美しい。特にピラール教会は、昔からスペインの聖母信仰の中心であった。

この地には有名な伝説が語り継がれている。キリストの復活後、その命を受けてスペインに辿り着いた使徒聖ヤコブ（サンティアゴ）は、異境の地での艱難辛苦《かんなんしんく》により、エブロ川の岸辺に倒れた。すると、柱の上に立つ聖母マリアが現れ、使徒ヤコブを元気づけ励まし、再び宣教への熱意を与えたという。ちなみに、柱のことをスペイン語でピラールという。ピラールの聖母のおかげで、スペインにキリスト

19歳のころ

教が広がった。ゆえに、スペイン人にとって、その信心は今も並々ならぬものがある。

ホセマリアもピラールの聖母に祈るため、毎日のように聖母教会に通った。さらに、この時代、神学校の自室に飾っていたピラールの聖母のご像の裏に、次のような射祷《しゃとう》を刻んでいる。

「聖母よ、み旨が成就しますように!」

この言葉は、サラゴサ時代のホセマリアが常に懇願《こんがん》してきたことであった。後に彼は次のように語っている。

「なかば盲人になったように感じ、常になぜを繰り返していた。なぜ私は司祭になるのか。神はいったい何をお望みなのかと。そこで、福音書に出てくる盲人が叫んだあの言葉を何度も繰り返した。主よ、見えますように。私にはわからないことですが、あなたのみ旨が成就しますように」

神学校時代のホセマリアは、篤い信仰をもち、喜びにあふれていて魅力的な青年だった。自分を過大評価したり、自慢したりすることも決してない。そのため、多くの級友から慕われ、教師からは信頼された。

当時の神学校では、学生の指導と規則の遵守《じゅんしゅ》のために、一人の「監督」を任命することになっていた。監督は最も有望で信心深い神学生の中から選ばれる。適性に加えて模範的な品行ゆえにホセマリアを監督に任命したのは、当時サラゴサ大司教であったソルデビラ枢機卿だった。神学校校長の見解でも、ホセマリアは、ゆきとどいた振る舞い、人と接するときの気立ての良い自然な態度、誰の目にも明らかな慎み深さで、他の神学生の中でも抜きん出ていた。さらに目上の者には敬意を表し、同僚に対してはていねいで親切だったので、前者にはかわいがられ、後者からは尊敬されていたという。

ホセマリアは罰を好まなかった。人を引きつけずにはおかない純朴さと優しい態度で神学生たちの研修に力を貸していた。彼の好感のもてる魅力的な外観には、いちばん手に負えない連中までも引き込まれていた。ある神学生の模範的な行動に気づくと、素朴で親愛に満ちた微笑みがホセマリアの口元に浮かんだ。時々さみしげな、けれどもまことに優しく、思慮深い、そして鋭敏な彼のまなざしは、反対者の心をも和らげてしまうのだった。

父の死

一九二四年十一月二十七日、神学校にいるホセマリアのもとへ一通の電報が届いた。

「チチ、キトク、スグカエレ」

不安に駆られながら、いちばん早いログローニョ行きの列車に飛び乗った。駅に着くと、父が働いている店の雇い人、マヌエル・セニセロスが待っていた。定刻になっても出勤しない父を案じて様子を見に走り、ホセマリアに電報を打ってくれたのは彼だった。

「マヌエルさん、父の具合はどうですか」

「医者たちが言っています、いつ亡くなるかわからないって……」

家のすぐ近くまで来たとき、マヌエルが気の毒そうに告げた。

「ホセマリア、すまない。実は、お父さんはもう亡くなったんです」

家に入った。母と姉と弟の姿があった。彼らの表情を見たとき、父の死がより現実のものとなった。

「お母さん、お父さんは、どこ」

当時の家庭では、遺体を床の上に敷いた赤い布の上に横たえる習慣があった。案内されると、そこには、数時間前まで生きていた父の体がある。無言でそのそばにひざまずいた。

その日の朝、目をさました父はすこぶる元気だったという。朝食後は、聖母像の前でかなりの時間祈った。幼いサンティアゴの遊び相手をつとめ、出かける準備をして部屋の入り口まで行ったとき、気分が悪くなった。ドアの端につかまったが、床にくずれ落ち、そのまま意識を失った。そして、二、三時間後に安らかに魂を神に委ねたのである。五十七歳だった。

「お父さんは疲れ切って死んでしまったんだ。ぼくたちのために、どれだけ心を砕き、どれだけ働いていたことか」

父親との懐かしく楽しい思い出が次々と蘇ってきた。父の何気ない一言も、あの柔和な優しい微笑みも、家族や周りの人への愛からきていたと今さらながらに思われた。祈るホセマリアの目から、涙が流れ落ちた。

ずっと後になって、彼は父親の生涯を次のように語ったことがある。

「父が厳しい態度に出たことは一度もありませんでした。常に落ち着いて、明るい顔つきをしていました。力を使い果たし、五十七歳の若さでこの世を去りましたが、微笑みを絶やさぬ人でした。私が召命を受けたのは、父のおかげなのです」

司祭叙階

父の葬儀も済み、しばらくすると家族はサラゴサに移った。

一九二五年三月二十八日、聖カルロス神学校の教会でホセマリアは教区司祭として叙階《じょかい》された。母のドローレス、姉のカルメン、そして六歳になったばかりの弟サンティアゴも参列した。

式が終わると三人は、新司祭のもとに駆け寄った。叙階後まもない司祭の祝福された手に、人々は接吻する習慣が古くからある。その手は、罪をゆるし、祝福を与え、聖体を授けるイエスの手なのである。

ドローレスは、喜びにふるえる声で言った。

「ホセマリア、さあ、あなたの手に接吻させてちょうだい」

三人は、次々と恭《うやうや》しくホセマリアの前にひざまずいた。

二日後、ホセマリアはピラールの聖母の聖堂で初ミサをたてた。参加者はわずか十二名であったが、祭壇の近くには、母と姉と弟がいた。新司祭はそのミサをここにいるべきはずであった父の霊魂《れいこん》のためにささげた。

ホセマリアは、最ミサで最初のご聖体を母にささげたいと思っていた。それは、長い間の彼の夢だった。そのときがついに来た。母が拝領台に近づく。が、思いがけず、他の夫人が母の前に進み出た。

「キリストの御体《おんからだ》」

ホセマリアが最初のご聖体を与えたのは、その見知らぬ夫人だった。夫人は何も知らずに、自分の席に戻っていった。

ホセマリアとその家族にとって、それは小さくはない犠牲だったろう。神はホセマリアに、より大きな愛を要求されたのである。

小さな村で

初ミサをたてた翌日、ホセマリアの司牧《しぼく》活動は始まった。サラゴサから二十四キロメートル離れたペルディゲーラという村で、病気に倒れた主任司祭の代行をすることになったのである。人口八百人の小さな村だった。

ホセマリアは司祭として惜しみなく働いた。毎日、ミサをささげ、ゆるしの秘跡を授け、ロザリオを唱えた。小さな教区の主任司祭は、自分の務めの後は自由な時間が多く、村の名士たちとトランプに興じるのが常だった。ホセマリアは、その時間を子どもや大人との要理教育に当てた。村にいた二カ月間で、村の全家庭の訪問を終え、村人に神への愛を燃え立たたせようとつとめた。特に病人たちには、ことさら心を配り、しばしば訪問をし、秘跡の授与を頼まれればいつでも便宜をはかっていた。村人たちには、必要なときはいつでも自分を呼ぶように伝えていた。

居住していた農夫の家に一人息子がいた。その子は毎朝、やぎを連れて出かけた。やぎの群れの番に丸一日を費やしているこの子をみて、かわいそうに思ったホセマリアは、初聖体準備の要理の勉強のときに、次のような質問をしてみた。

「君がお金持ち、それも、ものすごいお金持ちだったら、何をするかな」

「お金持ちってどういうこと」

少年は、真顔《まがお》で尋ねた。

「お金持ちっていうのは、お金をたくさん持っていることだよ。たとえば銀行をもっていたりとか」

「それじゃあ、銀行ってなあに」

銀行について簡単に説明してから、さらに続けた。

「お金持ちっていうのは、たくさんの土地があって、やぎのかわりにでっかい牛が何頭もいて、集まりによく出かけたり、一日に服を三度も着替えたりする人たちのことだ。さあ、お金持ちになったら、どうしたいかい」

その子は両目をまん丸にしながら、しばらく考えたのち答えた。

「スープを飲むたびにワインをつけるよ」

このときの会話を、ホセマリアは不思議と忘れられなかった。後に彼は述べている。

「結局、私たちの望みとはどれもこんなもの、何の価値もないものです。ホセマリアよ、これは聖霊《せいれい》が話しておられるのだと、しみじみ考えさせられました。神の英知が、この世のものは、ことごとく何もかも、まことに取るに足りないものだと悟らせてくださったのです」

オプス・デイ誕生

ホセマリアはマドリード大学で法学の博士号を取得するために、サラゴサ司教の許可を得て首都マドリードに引っ越した。そのマドリードで、オプス・デイは誕生する。

一九二八年十月二日、守護の天使の祝日。ホセマリア神父は、パウロ会の司祭たちの宿舎で黙想会《もくそうかい》をしていた。そして、これまでと同じように主に語りかける。

「主よ、私にお望みのことを見せてください」

それは、雪の足跡を見て神の呼びかけを感じた十五歳の日から続いている祈りだった。この、いまだわからぬ神のみ旨を果たすために、神父にまでなったのである。これまで、どれだけ多くの祈りと犠牲をささげ、何度「主よ、見えますように」と繰り返してきたことだろう。

黙想会の講話と講話の間で自分の部屋にいたホセマリア神父は、講話のメモを読んでいたとき、突然、神の沈黙が破られた。彼には神が望まれていたことが、はっきりと、見えた。聞いたのではない。その望まれたことを具体的に「見た」のである。

このときに、ホセマリア神父が見たビジョンを文章にすることは困難である。なぜなら、この当時にホセマリア神父が詳細に記したメモは、現存しないからである。というのは、ホセマリア神父自身が、神から受けた霊感を記したメモを他の人が読んだときに自分を聖人だと誤解すると考えて処分したからである。ただ、このときに神がホセマリア神父に啓示したことは、今、現実となっている。

神が啓示したものは、当時の人にとって、驚くべきみ旨であった。短く要約するならば、すべての人が日常生活をとおして聖人になるように道を切り拓けというメッセージとその具体的な方法であった。

なぜ、これが驚くべきものだったのか、現代のカトリック信者には、わかりにくいかと思う。それは、カトリック教会内で一千年以上もの間に浸透していた閉鎖的な考えを打ち破る、画期的なみ旨だったからである。

聖人になるためには、神父か修道者にならねばならない、またはこの世を捨てなければならない、と長い間考えられていた。普通の生活をとおして、すべての人が聖性を目指すように、とは初代教会で言われたが、それ以後のどの時代においても、長い間不可能であるかのように思われるか、忘れられていた。まして、二十世紀前半の当時は、「すべての人が聖人になるように求められている」などと言い出せば、まるで狂気か空事《そらごと》だった。

しかし、その道を神は今、ホセマリアに具体的に示されたのだ。後に第二バチカン公会議で、公に「すべての人が聖性に召されている」と宣言される三十年も前のことである。

驚きに打たれ、ひざまずいて感謝の祈りをささげるホセマリア神父の耳に、その日のお祝いの喜びを知らせる音が響いてきた。近くに建つ「天使の聖母教会」の鐘の音であった。

こうして、神がホセマリア神父に望まれたことは、名もなく静かに誕生した。「オプス・デイ」という名前がついたのは、その二年後、彼の聴罪司祭が、「あなたが啓示を受けた『神の業《わざ》』はどんな具合に進んでいますか」と尋ねられたことがきっかけだった。

それを聞いて、ホセマリア神父は「これだ！」と思った。「神の業」は、ラテン語で「オプス・デイ」という。この活動は、自分自身の思いつきによって生まれたものではなく、自分の考えによって進めていくものでもない。紛れもなく神のものであると確信していたホセマリア神父にとって、まさにピッタリの名前だと思えたのである。

第三章　オプス・デイ

女性への使徒職（福音宣教）開始

一九二八年十月二日以来、エスクリバー神父は神から託された精神を広めるために、司祭としての使命を果たしながら男性への使徒職（福音宣教）に力を尽くしていたが、女性への使徒職（福音宣教）をしようとは考えていなかった。次のように語ったこともある。

「私は、オプス・デイという組織を創立するつもりはまったくなかったし、そこに女性がいることも、考えたこともありませんでした」

一九三〇年二月十四日。ゆるしの秘跡のために八十歳過ぎの婦人宅を訪ね、小聖堂でミサをたてた。聖体拝領の後で、女性への使徒職活動を開始するようにという神の示唆《しさ》を感じたエスクリバー神父はすぐに聴罪司祭のところへ飛んで行き、一部始終を話した。すると、これも神のみ旨であろう、と聴罪司祭に言われた。

オプス・デイ誕生から十五カ月後に、神が女性への使徒職を告げたのはなぜだろう。エスクリバー神父は次のように語った。

「もし、一九二八年にすべてを知らされていたとすれば、私はその重責に押しつぶされて死んでしまっていたに違いありません。主なる神は、私を子どものように扱ってくださいました。仕事を一度に渡さずに少しずつ与えてくださったのです。幼い子どもには、同時に四つもの役目を言いつけたりはしません。一つ終わったら次のものを、というふうに一つずつ与えるものです」

男性だけでなく女性への使徒職の開始によって主は、オプス・デイがより普遍的なものであることを明らかにされた。そして、社会の内部から、他の仕事と同じように家庭をとおして社会をキリスト化することこそ、女性の使命であることをもお示しになった。ごく普通の家庭の主婦が、自分の家事全般をとおして神のみ旨を果たすことも、聖性への道だと神は教えられたのである。

この神のみ旨は、エスクリバー神父をとおして、まだわずかの人にしか知られていなかったが、歳月を経て、少しずつ教会全体に伝わっていくことになる。

ちなみに、二〇一八年までに帰天したオプス・デイのメンバーのうち、十六名が列福・列聖手続き中であるが、一般信徒十一名のうち六名は女性であり、学生、一般社会人、家政婦、主婦など多様である。

イシドロとの再会

オプス・デイの精神が世界中に広がることは神の望みだった。まずは神がそのために選ばれた人々を探さねばならないと、エスクリバー神父は思った。

ある日、ログローニョでの学生時代の名簿を見ていると、ふとイシドロ・ソルサノのことが思い出された。何年も会ったことはなかったが、手紙のやり取りはあったのだ。

エスクリバー神父は、彼に次のような手紙を書くことにした。

「イシドロ君、マドリードに来るときには、ぜひ、私を訪ねてください。君にもいくらか関心のあることを話したいから」

当時、イシドロは別の街で、鉄道技師の仕事をしていた。自分の専門職に明らかな天職と思えるほどのやりがいを感じる一方、自らを神にささげたいという望みも募《つの》る。心中は、霊的嵐が吹き荒れるように、何かを求めて思い悩んでいた。

何カ月かたった。二人は、思いがけず摂理的な再会を果たすことになる。

エスクリバー神父は、ある病気の青年を見舞った帰りだった。普段は通らない道を歩いて、角を曲がろうとしたとき、奇遇にもイシドロに出会った。

二人は驚きながらも、再会を喜び合った。歩きながら、話は尽きない。そのうち、イシドロはエスクリバー神父の包み込むような笑顔に、自分の心情を打ち明け始めた。

「何か、このごろ落ち着かなくって。神さまは、ぼくにもっと何かを望んでおられるようだが、よくわからないんだ」

エスクリバー神父は、それを聞いてオプス・デイについて話した。イシドロは、その言葉を聞いているうちに、「これこそ自分の道だ」と悟った。専門職に打ち込みながら、自分をささげ、神に仕える。これこそ、以前から求めていた道ではないか。イシドロは、すぐにオプス・デイのメンバーになった。

以後、普通の社会人として鉄道会社で働きながら大学で教鞭を取り、日常生活の中で聖性を追求してゆく。

私は神の子

後に大きく発展していくことになるのだが、オプス・デイが始まったころは、困難の連続だった。お金もなく、手助けをしてくれる人もほとんどいなかった。しかし、神はエスクリバー神父を見捨てることはなかった。

一九三一年十月のことである。彼は電車に乗っていた。サンタ・イサベル教会でのミサを終え、家へ向かう途中だった。満員電車のざわめきの中で、突然、何の前ぶれもなく、神は語られた。

「おまえは、私の子である」

神が直接語られたこの言葉ほど、エスクリバー神父を勇気づけ、励ましたものはない。エスクリバー神父は、気づかぬうちにこの言葉を繰り返していた。

「私は神の子だ。私は神の子だ」

電車から降りて通りを歩きながらも、言い続けた。

「父よ。わが父よ。お父さん。お父さん」

そうつぶやくと、喜びと平安が心の中に広がった。自分は決して一人ぼっちではない。いつでも子どもを愛し、子どものために助けの手を差し伸べてくださる御父が天国におられる。その天国の父は全能の神だ。自分はその父から愛されているのだ。神が共にいてくださるから、すべての困難を克服できる。父である神に、もっともっと子どもとしての信頼を寄せればよいのだ。祈りによって、犠牲によって。

「自分は神の子だ」という自覚が、言葉に良い尽くせぬほどの力と勇気を与えることとをエスクリバー神父は知った。

小ロバよ、小ロバ

神と守護の天使の助けは、常にあった。

一九三一年十二月のある寒い日、ゆるしの秘跡を授けに行くために、マドリードの通りを歩いていたときのことだ。見知らぬ男が正面から近づいてきた。恐ろしい形相《ぎょうそう》で、その目は、エスクリバー神父を睨《にら》みつけていた。

教会や聖職者に対する悪魔的な迫害のさなかにあった時代である。エスクリバー神父は、身の危険を感じた。

「この野郎！」

そう叫ぶと、男は通りすがりにエスクリバー神父に殴《なぐ》りかかってきたのである。しかし、そのとき、思いがけず、助けの手が差し伸べられた。もう一人の青年が、「やめろ！」と叫び、その乱暴者からエスクリバー神父を守ってくれたのだ。男は、すぐに退散した。

乱暴者とは対照的に穏やかな顔をしていた青年は、エスクリバー神父に近づくと、驚くべき言葉を言ったのである。

「小ロバよ、小ロバ！」

小ロバ。これは、エスクリバー神父が主と語り合うときに、自分につけていた名前だった。神のみ前にいる自分を、彼は「貧相《ひんそう》で醜《みにく》い小ロバ」のように感じていた。ロバは背中に乗せられるだけの荷物を背負い、文句も言わず、黙々と働く。えさは一握りのわらで満足し、主人の言いつけに従順で、つらい仕事を我慢強く果たす。そんなロバのように働きたいとエスクリバー神父は考えていた。しかし、そのことは自分と神だけの秘密であって、ほかに知っている人はいないはずだ。

エスクリバー神父を助けた青年は、いつの間にか姿を消していた。神父は、心の動揺を抑えつつゆっくりと歩みを続けた。あの青年はいったい誰だったのか、なぜ私の秘密を知っていたのか。

この出来事を神に感謝するために三回のアヴェ・マリアの祈りを唱えるうちに気づいた。彼は自分の守護の天使だったのだと。

病院で、郊外で

オプス・デイは、マドリード市内の病院と貧民街で育った。

エスクリバー神父は、病院や病《やまい》に伏《ふ》す人々の家を回った。来る日も来る日も、あらゆるところへ行き、貧しく苦しんでいる人々の間を何時間も何時間もあちらこちらと歩き回った。貧しく病気である上に社会から見捨てられたような人々。中には当時不治の病だった結核患者も少なくはなかった。そういう人々にゆるしの秘跡を授けたり、カトリック要理《ようり》を教えたり、身のまわりの世話をしたりした。

しかし、エスクリバー神父は、このような貧しく病に苦しむ人々のいる場所にオプス・デイを果たす手段を見つけたのだ。後に彼は語っている。

「オプス・デイに力を与えてくれたのは、マドリードの病院にいた人々、最も手ひどく見放されていた人々、人間的な希望のひとかけらさえ見えない家に暮らしていた人々、マドリードのいちばん外《はず》れにいた教育を受ける機会のなかった人々です」

「私は病人たちに頼みました。苦しみを、ベッドに伏している時間を、孤独を、ささげてくださいと。そういったすべてを、若者たちと進めている使徒職のためにささげてくださいと」

オプス・デイが世界中に発展した後、なぜ「病人はオプス・デイの宝である」と言うのか、尋ねられて彼は答えた。

「その神父（エスクリバー神父自身）は、二十六歳だった。神の恵みにあふれ、朗らかさを保っていましたが、ほかには何もありませんでした。しかし神の御業《みわざ》（オプス・デイ）を果たさなければならなかった。彼の苦肉の策がわかりますか。それは病院にあったのです。そこには病気で貧窮した人々が、十分な数のベッドがないため廊下にまでゴロゴロしていました。そのころ不治の病だった結核患者であふれていました。この病人たちこそ、戦いに勝利を得るための武器だったのです。支えてくれる宝であり、前進するための力でした。こうして主は、私たちを世界中に導いてくださいました。今私たちは、ヨーロッパ、アジア、アフリカ、オセアニアにまで広がっています。これは病に苦しむ人々のおかげに他ありません」

瀕死の病人

エスクリバー神父は、オプス・デイを世界の隅々《すみずみ》にまで広げる使命のために自分で祈り、犠牲をささげるだけでなく、祈りと犠牲をささげてくれる人を探した。病院の病人たちを見舞い、励まし、祈りを頼んだ。

たとえば、こんな話が残っている。ある日、ナイフで刺されて瀕死《ひんし》の重傷を負っている一人のロマに出会った。ロマとは、当時ジプシーと呼ばれ移動生活をしていた少数民族で、迫害されたり差別されたりしていた。そのロマの男は口を開けば汚物が出そうなほど衰弱していた。

「私にできることはありますか」

エスクリバー神父の柔和な顔を見て、男は神父の手を取り、ゆるしの秘跡を望む素《そ》振《ぶ》りを見せた。

「告白を聞いてほしいんだね。もちろん、喜んで」

その男はエスクリバー神父の手を握って離さなかった。ゆるしの秘跡が終わると、そのロマは、「もう、二度と他人の物は取らない!」と、力を振り絞るように叫んだ。そして、主の十字架が一つほしいと願った。

エスクリバー神父は、あいにく十字架を持ち合わせていなかったので、自分のロザリオを彼に渡した。ロザリオには、イエス・キリスト像の十字架がついていた。十字架をよく見たいのでロザリオを腕に巻くように頼まれ、神父はそうしてやった。

押し黙ったまま十字架を見つめるロマに、エスクリバー神父は声をかけた。

「この十字架に、接吻しませんか」

「とんでもない！　わしの汚れたこの唇で、主に接吻するなんてできません」

「しかし、もうすぐあなたは天国で、主を抱擁し主に接吻するじゃないですか」

ロマはしばらく潤んだまなざしで十字架のキリストを見つめ、静かに唇を寄せた。そして何度も接吻し、自分の過ちをまた声に出して主に詫びた。再びイエスを見つめた後、彼は安心したように目を閉じる。静寂が流れた。

「頼みがある。あなたのその体の痛みを、私の意向のために神さまにささげてくれませんか」

ロマは驚いて目を開き、神父を見つめた。そして、涙を流しながら言った。

「もちろん、そうします。喜んで、喜んで……」

その男は、その翌日、亡くなった。手には、エスクリバー神父から贈られたロザリオを握りしめていた。口元には微笑みを浮かべて、穏やかに天国へ旅立ったのである。

最初のセンター、DYAアカデミー

エスクリバー神父は、神の望まれるところならどこにでも出かけていき、オプス・デイの精神を伝えていった。しかし神が望まれるように広めていくためには、若者たちが集まれる場が必要だった。集まった若者が、専門分野の勉強をしたり、カトリック要理を習ったり、講話を聴いたり、落ち着いて祈ることができ、しかも家庭的な雰囲気をもつところである。そのような場をもつのが、神のみ旨だとエスクリバー神父は確信していた。しかし、お金はなかった。物質的な手段もない。援助してくれる人もいなかった。

エスクリバー神父に対して特別の信頼を寄せる者でさえ、彼から聞かされる「夢」は、途方もないものに思えた。彼の語る「夢」には、何ら人間的な支えとなる手段がなかったからである。それでも、エスクリバー神父は若者たちに語った。

「心配しなくてもいい。私たちはわずかなものしか持っていないけれど、同時にたくさんのものを持っている。祈りと、神の助けと、朗らかさと、私たちの仕事だ。主の助けを願おう。そうすれば、きっとすべてうまく解決できるから」

その言葉どおりになった。エスクリバー神父と若者たちは、経済上の問題解決を依頼するために聖ヨセフ、そして聖ニコラスに助けを願った。聖ニコラスは、「サンタクロース」として日本でも親しまれている聖人である。祈り始めると、不思議なことに、経済的な援助をしてくれる人が現れ始めた。

エスクリバー神父の家族にも協力を願った。司祭である叔父から受け継いだばかりの土地を、唯一の資産として、母ドローレスは持っていた。長女カルメンと次男サンティアゴに相談し、彼女はそのすべてを差し出した。

こうして一九三三年、最初のセンター（学生寮）ＤＹＡアカデミーができた。アカデミーの頭文字ＤＹＡは、そこで開講されていた授業内容「法律と建築（Derecho y Arquitectura）」に合致する。が、もっと深い見方をすれば、「神と大胆さ（Dios y Audacia）」というモットーを縮めたものだった。

当時からエスクリバー神父は、若者一人ひとりがもっと神を信頼し、使徒のごとく大胆に、世界中で善を行い始めるべきだと説いていた。自己犠牲での大胆さ、苦しみ悩む人、貧しい人に手を差し伸べる大胆さ、罪の毒牙《どくが》から友を救う大胆さを、自分にも若者たちにも求めていたのである。

（1935年）

しかし、DYAアカデミーは、家賃が払えなくなり、一時的に経済的窮状を解決するために、一階を売りに出し、閉鎖しなければならなくなった。それでも、二階の学生寮は残した。経済的に苦しいながらもエスクリバー神父は、最低限必要な家具をそろえ始めた。学生寮の中で最良の部屋を聖堂に定め、その準備には特に心をこめた。

一九三五年、この学生寮DYAアカデミーで最初のミサがささげられることになった。知り合いのシスターから借りた慎ましい聖櫃《せいひつ》の中に、ご聖体のうちに現存するイエスを安置した。エスクリバー神父は若者たちに言った。

「主が一人ぼっちで忘れ去られることのないようにしなければなりません。大勢の青年たちが出入りするこの家で、主が私たちの信心に包まれて満足してくださるようにしましょう」

オプス・デイ最初の聖櫃がこうして生まれた。

第四章　スペイン内戦の中で

スペイン内戦の始まり

DYAアカデミーをとおして、使徒職は日ごとに大学生の間に広がっていった。けれどもまもなく、新たな障害が立ちはだかった。一九三六年七月十八日、スペイン内戦が勃発《ぼっぱつ》したのである。

スペイン内戦（一九三六年七月～一九三九年三月）は、左派の人民戦線政府と、フランシスコ・フランコを中心とした右派の反乱軍との争いである。左派は新しい反宗教な共産主義体制を支持し、右派の民族独立主義派は特定複数民族グループとキリスト教、全体主義体制を支持し、別れて争った。

戦闘員以外にも多数の市民が政治的、宗教的立場の違いのために双方から殺害された。神とあらゆる宗教的な事柄に対するひどい迫害が始まり、多くの教会や修道院が焼き討ちにあった。町中では、司祭や修道者に対して、誹謗中傷《ひぼうちゅうしょう》を言ったり、石を投げたりする人さえいた。

内戦勃発の翌日には、DYAアカデミーと道路をはさんで真向かいにあるモンターニャ陸軍総司令部が蜂起《ほうき》し、兵営には、反政府軍の兵隊たちが次々と集結してきた。同時に警官や武装市民たちが司令部の周囲に陣地をつくった。緊張が次第に高まる中、エスクリバー神父は寮生たちに言った。

「君たちは、すぐに親元へ帰りなさい」

そして、自分はイシドロたちとともに、留まった。

その日の夜、攻撃が始まった。弾丸は寮の天井や壁にも飛んでくる。実はその日の午後、マドリードの七つの教会が焼き討ちにあっていた。夜中には、司教座聖堂が放火されたほか、四十二もの教会が焼かれた。

次の日、モンターニャの兵営も陥落《かんらく》した。恐怖がマドリードを包んだ。事態は混沌《こんとん》とし、悪化するばかりである。エスクリバー神父は、残っていた者に言った。

「ますます危険になってきた。皆、ここから出よう」

道行く者には、身分証明書の提示が求められ、司祭や修道士、単にカトリック信者であるというだけで、即刻、銃殺された。左派の共産主義体制は、キリスト教とその権威を自分たちに敵対するものだと考えていたからである。

難を逃れるために、エスクリバー神父は灰色の作業服に着替えると、残っていた者たちともに、街を出た。狂喜する群衆の興奮の中を通りぬけて、母ドローレスの家に辿り着いた。

その後三年半続く内戦で、スペイン全土で十三人の司教と四千百八十四人の司祭、二千六百四十八人の修道者が殺害されることになる。

隠れ家を探して

エスクリバー神父は、三週間ほど、母ドローレスの家に避難していた。しかし、ある朝、門番が慌てて知らせにきた。

「大変です。密告があったらしい。このあたりに誰かが隠れていると、民兵たちに通報があったようです」

民兵たちは、近所を次々としらみつぶしに捜索していた。母ドローレスは言った。

「ここは、危険よ。見つかれば、きっと殺されてしまうわ」

さらに父親ホセの形見の指輪を渡して言った。

「これをつけていらっしゃい。これを見れば、結婚していると思って、司祭だとはわからないわ」

エスクリバー神父は、母の家を出た。町中のあちこちを渡り歩き、隠れ家を転々とした。

八月の終わりごろ、ある隠れ家でのこと。一緒に身を寄せていた人々は、誰もエスクリバー神父の素性を知らなかった。玄関のベルが突然鳴った。年配の家政婦が、とっさに大声で言った。

「まあ、取り調べのために来られたんですか！」

それを聞くと皆は、一目散に逃げた。裏の階段を伝って、屋根裏部屋に行くと、わずかばかりの空間があった。数人が息を潜めて、むせ返るような暑さの中で疲労と不安に耐えながら、身じろぎもせずに時が過ぎるのを待つ。死が差し迫っていることを誰もが知っていた。

そういう状況の中でも、エスクリバー神父は、人々への愛と使徒職への熱意を失わなかった。一緒に隠れている人々に言った。

「皆さん、私は司祭です。私たちは今、いのちの危険な状態にあります。もし、あなた方が望めば、ゆるしの秘跡をして、私は罪のゆるしを与えることができますよ」

人々は驚いた。目の前にいる男の勇敢さにである。もし、民兵たちが自分たちのいる場所を発見したとき、誰でも彼を裏切ることができる。この司祭を告発し、かわりに自分のいのちを救うこともできた。つまり、この司祭は自分のいのちを死の危険にさらしてまで、他人に罪のゆるしの機会を与えたとわかったのである。

夜の九時ごろには、民兵たちの取り調べは終わったようだった。エスクリバー神父たちは、激しい暑さで脱水状態になっていた。朝から何も口にしていなかったためである。階段を下りていくと、夫婦と五人の娘が住んでいる家があった。父親は二、三日前に、捕らえられていたという。

「すみません、水を少々いただけませんか」

「あなたは、どなた?」

「屋根裏部屋に隠れている者です」

「じゃあ、皆さんで、私たちのところへ来るように言ってください」

コップ一杯の水の有り難さを、彼は生まれて初めて味わった。

マドリード戦線は膠着し、戦争は長期化の様相を呈《てい》した。エスクリバー神父は持病のリューマチが悪化し、身動きできない時期もあった。空腹を満たすことのできない日々が続いた。そういう状態が何カ月も続くと、彼は別人のようにやせ細ってしまった。のちに、母ドローレスに再会したときには、青白くやせ細っていたので、「お母さん、会えて嬉しい」という声を聞くまで、母は自分の息子だと気づかなかったぐらいである。

メンバーたちのある者は各々ちりぢりに隠れ続け、他の者は軍隊に入隊した。何もかもがおしまいになったように見えた。が、神は決してお見捨てにならないと、エスクリバー神父は確信していた。オプス・デイは神が望んでおられるものだから、どれほど状況が悪くても、きっと実現する。自分はそのお望みにただ忠実であろうと誓いを新たにするのだった。

ピレネー越え

エスクリバー神父は、一年以上も、オプス・デイのメンバーたちの数人とともに隠れて過ごした。可能な限りミサをたて、隠れている人たちにゆるしの秘跡を授けた。祈り、働き、手紙を書いた。

一九三七年の夏の終わりころ、マドリードにおける暗殺件数は減少したとはいえ、司祭として生活するには、依然として困難を極めた。マドリードを去って、他の地域に移るべきだと判断された。国民軍の地帯に行けば、オプス・デイの活動が続けられる。メンバーたちも説得し、特に母ドローレスも願っていたことだった。ある日、エスクリバー神父は、決心をする。

「ピレネーを越えよう」

ピレネーとは、スペインとフランスの国境沿いに横たわるピレネー山脈を意味する。スペインを二分している通行不可能な境界線では、毎日戦いが行われていた。その境界線を避け、安全な国民側の地帯に行くには、まずスペインを出て、フランスに入り、それから再びスペインに入るという方法しかなかったのだ。

この計画は困難で危険だった。山伝いに身を隠しながら、幾日も歩かねばならない。失敗して捕らえられれば、即座に銃殺される。山越えの際に発見され殺された者が後を絶たなかった。

エスクリバー神父一行はマドリードを立ち、十月、バレンシアに向かった。それから、バルセロナ行きの夜汽車に乗った。バルセロナで、一カ月以上待たねばならなかった。十一月、バルセロナを発つ。鞄やリュックサックにレインコート、着替え、わずかな食料、それにミサをたてるのに必要なもののすべてを詰め込んだ。

一人のガイドの案内で、数名のオプス・デイのメンバーを含めた何人かの人たちと山道を歩き始めた。エスクリバー神父は非常に苦しんでいた。出発した最初の夜から肉体的には疲労の極みに達している。その上、マドリードや前線に残してきたメンバーたちや母、姉弟の安否を絶えず気遣っていた。

リアルプの森のバラ

山に入って二日目、リアルプの森に入った。一行が一夜を明かした場所は、壊された教会の近くの空き屋だった。同行した誰もがとても疲れていたので、夜になると泥のように眠り込んだ。しかし、エスクリバー神父は寝つけない。

「先に進むべきか、留まるべきか」

エスクリバー神父はその夜、自分に問いかけていた。

「聖母マリア、わが母よ。私はどうしてよいのかわからなくなってしまいました。どうかお助けください」

夜はゆっくりと更けていった。エスクリバー神父は、家の階段を下りて、教会に入った。教会の中も、荒れていた。ベンチも聖像《せいぞう》も、何もかもが、数カ月前に焼き討ちにあっていたのである。思い出のために何か記念になるものを探したが何も見つからない。一旦教会を離れ、再び戻った。しかし、何か神の働きかけを感じつつ祈る。

「もし私の行動に満足されているのなら、何かはっきりしたしるしをお授けください」

突然、彼の目を引いたものがあった。金箔《きんぱく》をほどこした木彫りのバラ。驚いた。火災を免《まぬが》れ、一つだけ残されていたのだ。このとき、エスクリバー神父は言いようのない平安に包まれる。これこそが自分の祈りに対する聖母の答えだと確信した。

「わが母よ。しるしを与えてくださってありがとうございます。今、私は前進すべきであることが、わかりました」

エスクリバー神父が戻ってくると、同行していたメンバーたちは、すぐに彼の変化に気がついた。疲れているにもかかわらず、数日間見たことがないくらいに喜びにあふれていたからである。そして、その手には、聖母マリアが贈られた木彫りのバラがしっかりと握られていた。

山中の道

森の中を幾日も、歩き続けた。夜は歩き、昼は隠れる日々だった。ようやくある山のふもとに着いたとき、エスクリバー神父は、その日のミサをたてる準備を始めた。祭壇として使うためにちょうど手ごろな大きさの平らな岩を見つけた。

ミサが始まった。ミサにあずかった一人の学生は、日記に次のように記している。

「今日のようなミサにあずかったことは、いまだかつてない。このような状況でささげられたミサだからなのか、それともこの司祭が聖人だからなのか」

ご聖体を授け終わると、エスクリバー神父はいくつかのホスチアを小さな箱に収め、それを首にかけて、胸のあたりに隠した。しばらくの間は、それがオプス・デイ唯一の聖櫃となった。こうしていつも主のそばにいることができ、ミサをささげることのできないときには、聖体を拝領することができた。

日が暮れると、山の中の行進が続く。真冬の川をひざまで水につかりながら歩かねばならない。靴は破れ、足から血を流している者もいた。寒さは厳しくなり、みぞれまじりの雪も降り始めた。

最後の夜。岩山をよじのぼり、反対側の斜面をくだっていった。突然、ガイドが手で合図をした。

「気をつけて！　危険信号だ」

ガイドが谷間に小さな光を見つけたのである。国境を警備する兵隊たちが出す光だった。番犬が吼え始めた。逃亡者たちの臭いを嗅ぎつけたのだ。岩の陰に隠れ、息を殺した。

このままでは、見つかるかもしれない。長い静寂の後、彼らは闇に溶け込むように歩き始めた。山を越え、小川を横切った。

「よし、やった！国境を越えた」

ガイドが叫んだ。背後で突然、銃声が響く。警備兵が、彼らを発見したのである。しかし、玉は届かなかった。

エスクリバー神父は、同行している人たちに言った。

「聖母マリアが特別に守ってくださったのだ。感謝のしるしにサルヴェ・レジーナ（元后あわれみの母）を一緒に唱えよう」

Salve Regina, Mater misericordiae,
Vita, dulcedo et spes nostra, salve. …………

天の元后《げんこう》あわれみの母
われらのいのち、喜び、希望。

銃声が引き裂いた夜のしじまを縫《ぬ》うように、聖母を称える歌声が美しく響き渡った。

すべては善のために

スペインに戻る前に、エスクリバー神父はフランスのルルドへ立ち寄った。

ルルドは、一八五八年、聖母マリアが出現された場所として知られる世界的な巡礼地である。聖母への信心が篤いエスクリバー神父が、ルルドのマリア像の前で、オプス・デイの前途のために一心に祈ったことは想像に難《かた》くない。

その後、スペインのサンセバスチャン、パンプローナを通り、ブルゴスに着いた。

エスクリバー神父は、ここでやっとスータン（司祭服）を着る生活に戻ることができた。また、祭服を着け、祭具を用いて、毎日ミサをささげられるようにもなった。いつものようにぎっしり詰まった仕事のスケジュールをこなす。来客と会い、自分を必要とする人々を訪ねていった。遠方にいる人には、手紙を書いた。

ある日、マドリードの郊外まで出かけた。メンバーの中の一人が重傷を負ったので、見舞いに駆けつけたのである。エスクリバー神父は、そのとき、スペインの首都が左派の共産主義体制の軍隊にまだ包囲されているのを遠くから見ることができた。

双眼鏡を覗いていた右派の将校がエスクリバー神父に気づき、双眼鏡を貸してくれた。突然、エスクリバー神父の高笑いがあたりに響いた。将校は怪訝そうに尋ねた。

「何を笑っておられるのですか」

「いえ、自分の住んでいた家が瓦礫のようになっているのが見えたもので……」

いずれ、神がすべて修復してくださるだろうと思ったが、口には出さなかった。教会や修道院や苦労して建てた学生寮が焼かれ、街は廃虚になっていた。それを見て嘆くのなら普通だが、エスクリバー神父は違う。エスクリバー神父のこの信じ難い楽観性は、神への全幅の信頼に基づいている。

人間のつくったものはいずれ滅びる。しかし、神は決して滅びることはなく、その力には限りがない。いずれ神は、この人間の過ちから良いものを生み出すように助けてくださるだろう。神への信頼を失わないなら、人間の失敗も惨さも、「すべては善のために役立つ」という確信が、エスクリバー神父には常にあった。

マドリードで再び始める

一九三九年三月、内戦の終結が見えてきたので、エスクリバー神父はマドリードに戻った。母の家には家族と数人のメンバーが、彼の到着を待っていた。

学生寮DYAアカデミーに行ってみた。建物は爆弾で破壊され、以前に双眼鏡で見たよりも、はるかにひどい状態だった。外壁はいくらか残っていたが、内部は粉々に砕けていた。

しかし、エスクリバー神父はその瓦礫《がれき》の中に、彼を勇気づける一枚の紙片を見つけた。それは、若者たちの勉強部屋に額縁に入れて掲げていたヨハネ福音書の一節（13・34〜35）である。

「あなたがたに新しい掟《おきて》を与える。互いに愛し合いなさい。わたしがあなたがたを愛したように、あなたがたも互いに愛し合いなさい。互いに愛し合うならば、それによってあなたがたがわたしの弟子であることを、皆が知るようになる」

廃墟の中で（1939年）

額縁は跡形《あとかた》もなくなっていたが、不思議にも紙に記された文字の一つも欠けてはいなかった。イエスが弟子に託したこの「新しき掟」を自ら実践し、若者たちにも教え導くために、再び始めなければならない、それが神のみ旨だと彼は思った。

「もう一度やり直しだ。新しい学生寮のために、別の建物を探そう」

しばらくの間は、戦争前のように、サンタ・イサベル修道院の司祭館に留まり、そこから使徒職を続け、学生寮の開設にふさわしい場所を探し始めた。

新しいアパートが見つかると、エスクリバー神父も若者たちも大喜びで家具の据え付けに取りかかった。

「世界地図をここにかけよう」

エスクリバー神父は、重ねて言った。

「そうすれば、ここを通るとき、神さまのお望みによってオプス・デイが世界中に広がらなければならないことを思い出せるだろう」

そう聞くと若い寮生たちは、神父のあまりにも現実離れしている使徒職の展望にめまいを覚えるほどだった。この貧しい家から、数年後には神の御業《みわざ》が世界中に広がっていくことをどれだけの若者が予見できただろう。しかし、常識では不可能に思えても、この全き「神の人」の言葉に、彼らは信頼した。

寮生は皆、エスクリバー神父の講話を定期的に聞いて、精神的な糧《かて》を得た。新しい寮生も少しずつ増えていった。

母ドローレスと姉カルメンは、掃除や片付け、食事など物的な面で全面的に手伝ってくれた。こうして、学生寮は日ごとにみんなが心地よく過ごせる家庭のようになっていった。

しかし、オプス・デイの試練はまだまだ続く。

オプス・デイへの迫害

マドリードを拠点に、エスクリバー神父はスペイン各地をまわり、数多くの長い黙想会や一日の静修《せいしゅう》の指導をした。多くの人々がその説教を聞いた。

時がたつにつれて、スペインの各都市にオプス・デイのメンバーが増えていった。

が、同時にオプス・デイを理解できない人たちもいた。一般信徒が日常生活の仕事をとおして聖人になるなど、異端的だと考えた人もいたのである。オプス・デイに対する中傷や攻撃がエスカレートしてきた。特にバルセロナでの迫害はすさまじかった。当時の知事は言う。

「あのころ、エスクリバー神父さまがバルセロナに来ておられたことを知らなくてよかったと思います。もしわかっていれば、警官を空港に配置し、直ちに連行したでしょうから。神父は、それほど危険人物だと言われていたのです」

バルセロナの近郊にあるモンセラート大修道院は、スペインの最も重要な霊性の中心だった。幸いにも、修道院副院長は、オプス・デイについての情報をマドリード司教に請うた。その返信は、一九四一年五月二十四日付で、以下のとおりである。

「バルセロナでオプス・デイが随分、攻撃されていることは、私も以前から存じております。悪魔がオプス・デイに大きな害を与えようと働いているのは明らかです。ここで悲しむべきことは、神にすべてをささげている人たちが、その不正の手先となってしまっている事実です。もちろん、彼らは『神をお喜ばせしている』と思ってやっているのですが。……私を信じていただきたい。Opus、つまり『業』は、初めから今まで、すべての歩み、働きにおいて、真にDei、つまり『神のもの』なのであります」

さらに司教は続ける。

「オプス・デイが秘密結社であると非難する者がいますが、これはまったく言語道断であります。この組織は、司教の祝福のうちに誕生したもので、認可はもちろんのこと、少しでも重要な事柄は、教区の許可を求めずして、独断されることはありませんでした。

エスクリバー神父が強調した賢明な沈黙――それは決して『秘密』ではない――は、見せびらかしに陥らないための予防措置であり、それも、ただ個人的に謙遜であるだけでなく、オプス・デイ全体としても謙遜の徳を実行したかったからなのです」

オプス・デイが秘密結社であると言われた理由は、司教の手紙にあるように、オプス・デイのメンバーが、謙遜ゆえに普通の生活の中に隠れて過ごし、自分たちの信心業を他人に宣伝も言いふらしもしなかったからであろう。

たとえば、メンバーは毎日、ミサ、念祷《ねんとう》、ロザリオ、福音書や霊的読書などの信心規定のほか、個人的に祈りや犠牲をささげている。毎週土曜日には集まって聖体賛美式や説教、勉強会、月に一度は静修などに参加している。それらの活動は皆、教会の伝統的な信心であり、望めば誰でも参加できるものであった。しかし、普通の信徒がそこまですることに難色を示す人や、教会の教えから離れていた人には、理解し難いものだったのだろう。

そして、司教は手紙を結ぶ。

「オプス・デイには称賛のみが値します。しかしながら、オプス・デイを愛する私たちは、それが称えられることも、宣伝されることも好みません。なぜなら、その唯一のモットーが、『謙遜に、心に喜びと朽ち果てることのない使徒的熱意をもって、黙々と働くこと』であるからです」

この手紙は、大きな意味をもった。大勢の人が、モンセラートの修道院で、疑いを晴らし、良心の平和を取り戻すことができたのである。

ところが、マドリードでは、オプス・デイへの中傷は極みにまで達する。オプス・デイは秘密結社だと非難する者が出て、エスクリバー神父が秘密結社取り締り裁判に訴えられるところまで進んだ。

幸い裁判長は、メンバーがごく普通のキリスト教信者で一般市民に過ぎず、潔白で実直、働き者で清い生活をする者だとわかると、この訴えがまったくの虚偽であると裁決した。

ともあれ、さまざまな中傷が創立者やメンバーとその家族を傷つけ苦しめた。エスクリバー神父は、これら無理解による迫害に対し、始めから「黙し働き、ゆるし、微笑む」ことを旨《むね》とし、教えてきた。

十字架を担《にな》ったイエス・キリストが、すべての人をゆるしていたように。

母ドローレスの死

「パドレ、お母さまが突然、亡くなられました……」

一九四一年四月二十二日、レリダという街で司祭たちの黙想会の指導中、突然の電話があった。エスクリバー神父はまさかと思った。少し前から母ドローレスは病に伏していたが、重病だとは考えていなかった。医者も死が迫っているとか、回復不可能だとは言っていなかったのだ。病床の母をマドリードに残して旅立つとき、別れ際に自分が母に言った言葉を思い出した。

「お母さん、これからする仕事のために病の苦しみをささげてください」

母は願いを聞き入れたが、「この子ったら！」と、小声でつぶやくことだけは避けられなかった。

レリダの神学校に着くと、聖櫃に近づき祈った。

「主よ、母の面倒をお願いします。私は御身《おんみ》の司祭の世話をするのですから」

昼過ぎの説教で、司祭を子にもつ母親がどれほど大切な仕事をしているかについて話した。終わってしばらく、聖堂に残り祈っていた。母の訃報《ふほう》が届いたのは、そのときだった。

聖堂で一人になると、泣きぬれながら、皆に勧めているあの長い射祷《しゃとう》を唱えた。

「神のいとも愛すべきみ旨は、万事に越えて行われ、全うされ、賛美され、永遠に称えられんことを。アーメン。アーメン」

主は、最良のことをしてくださったのだとすぐに理解できた。母の死に立ち会うことはできなかったが、神は司祭への愛を示すために、このような犠牲を要求なさったのである。

それでも、母のもとへ駆けつけたい。車を走らせ、午前三時、マドリードに着いた。明々と輝く聖堂に母の遺体が横たわっていた。母の前にひざまずくと、エスクリバー神父はすべてを奪われた子どものように泣き伏した。

最初の三人の司祭

この当時、オプス・デイのメンバーは、独身の男女、既婚の男女が少しずつ増えていった。彼らを世話するために、エスクリバー神父一人では物理的に無理であり、ほかの司祭が必要であることは、神のみ旨だった。

一九四三年二月十四日にミサの中で、主はエスクリバー神父に、オプス・デイ司祭の叙階《じょかい》を可能とする法律上の解決策をお示しになり、「聖十字架司祭会」が誕生した。

エスクリバー神父は語っている。

「私たちの精神をもった司祭が必要です。良い準備のできた、快活で、積極的、効果的な働きのできる司祭、人生にはスポーツマンの精神で対し、犠牲者になったかのような気持ちをもたず、喜んで兄弟に仕えるために犠牲をいとわない司祭、こういう司祭が必要です」

エスクリバー神父の夢は、長年にわたる祈りと犠牲の結果、実現する。一九四四年六月二十五日、マドリードでオプス・デイのメンバーの中から三人の司祭が誕生した。アルバロ・デル・ポルティーリョ、ホセマリア・エルナンデス・デ・ガルニーカ、ホセ・ルイス・ムスキスである。彼らは、将来を嘱望されたエンジニアだったが、仕事を続けながら最高の教授陣のもとで数年間の勉学と研修の後、マドリード司教の手により司祭に叙階された。

この叙階を最も喜んだのはエスクリバー神父であろう。しかし、叙階式には参列しなかった。若い社会人としてエリートであった三人がそろって生涯のすべてを神にささげ、司祭となって教会のために仕えるなど、前代未聞のこと。この青年たちを導いた人物が誰かは、誰の目にも明らかであったからだ。エスクリバー神父は自分に対する誉め言葉を避けるために、家でミサをささげ、祈りのうちに過ごした。「私は隠れ、イエスのみが光り輝くように」、これが彼の生涯を貫いたモットーであった。

その日の終わりに、エスクリバー神父は聖堂にメンバーを集めて、聖櫃の側で語った。

「何年もたってから、あなたたちは尋ねられるだろう。最初の三人が叙階された日にパドレ（エスクリバー神父）はなんと言ったのか、と。そのときは、ただ次のように簡単に答えてほしい。パドレはいつもの教えを幾度も幾度も繰り返したと。つまり、祈り、祈り、祈り。犠牲、犠牲、犠牲。仕事、仕事、仕事」

この言葉はわかりにくいかと思うので、蛇足になろうが、私の解釈をつけ加えておく。エスクリバー神父には、次のような考えがあったと思う。

この最初の三人の叙階の恵みは、私たちの「祈り、犠牲、仕事」の結果である。三人はもちろん、彼らを知る私たちは、日々、祈り、犠牲をし、仕事をささげていくことで、この叙階の恵みを神からいただいた。これからも、私たちのなすべきことは何年たっても変わらない。つまり、「祈り、祈り、祈り。犠牲、犠牲、犠牲。仕事、仕事、仕事」である。これこそが、私たちの神に仕える道なのだ。

叙階された三人は、エスクリバー神父の言葉を胸に刻み、その後も「祈り、犠牲、仕事」によって、神と教会と人々に仕えた。そのうちアルバロ・デル・ポルティーリョは、二〇一四年に列福。他の二人も列聖・列福手続き中である。

この三人以後に叙階されたメンバーは、現在までに二千人以上いる。また、教区司祭も加入できる聖十字架司祭会には、四千人以上の司祭が所属している。

「祈り、祈り、祈り。犠牲、犠牲、犠牲。仕事、仕事、仕事」による神の恵みのおかげである。

第五章　新しい形　新しい未来

百年早過ぎる

オプス・デイはマドリード司教の祝福を受け認可されていたが、世界中にその仕事を広げるのが神のみ旨である。そのためには、教皇に認可を申請しなければならなかった。

一九四六年二月、必要な書類を携えて、ポルティーリョ神父がローマに旅立った。オプス・デイは、当時の教会法にはないまったく新しいものだった。関係者は一様に難色を示した。教皇庁の高位聖職者の一人は言った。

「あなた方は百年早く来過ぎた」

オプス・デイが承認されるのは不可能に見えた。それでも、神が望む以上、克服せねばならない。ポルティーリョ神父は、オプス・デイが認可されるためには、エスクリバー神父自身がローマに来る必要があると手紙で訴えた。

当時、エスクリバー神父は持病の糖尿病が悪化していた。一日に何本も注射を打たねばならなかった。ローマの夏の気候は、病人にとって生やさしいものではない。主治医はローマへの旅行に反対して言った。

「無理に旅行をすれば、いのちの保証はできません」

しかしエスクリバー神父は、どんな犠牲を払ってでもローマに行くように主はお望みであると確信していた。すぐに本部の人々を召集し、決心を知らせた。委員たちはそれを神のみ前で熟慮し、創立者の計画に全員一致で賛成したのだった。

ローマへ

一九四五年、第二次世界大戦が終結し、ヨーロッパには平和がもたらされていた。とは言え、ヨーロッパは政治的不安定から解放されたわけではなかった。

内戦で瓦礫の山と化したスペインは、第二次世界大戦中も回復を成し遂げることができず、戦後は列強がつくる国際機関からのけ者扱いを受けた。

スペインは、全体主義国家と見られていたため、国際連合はスペインからの外交使節の引き上げを勧告し、一九四六年二月には、フランスとスペインの国境が封鎖されていた。

そのような情勢下、マドリードからローマに行くのは、冒険のような旅だった。空路はまだなかった。陸路によってフランス国境を越えることはできず、スペインとイタリアを結ぶ唯一の手段は、バルセロナとジェノバ間を毎週往復する郵便船だった。ゆえに陸を伝い、海を渡って、通常五日間はかかる旅となる。

一九四六年六月十九日、マドリードを車で出発し、いくつかの聖母巡礼地に立ち寄った。ローマで取りかかるべき重要な懸案を、聖母の特別なご保護に委ねたかったのである。サラゴサでは、いつものように群衆にまざってピラールの聖母の柱に口づけをした。

その後、バルセロナ近くのモンセラート修道院へ、最後にメルセス聖母教会へ行き、聖母にすべてを委ねた。そして、主なる神にあの福音の言葉を繰り返すのであった。
「このとおり、わたしたちは何もかも捨ててあなたに従って参りました。では、わたしたちは何をいただけるのでしょうか」（マタイ19・27）
二十一日午後、イタリアに向かう汽船に乗り込む。J・J・シスター号という千五百トンの小型船で五十年前から運行されているものだった。船は六月にはめったにない嵐に、二十時間以上もてあそばれた。病身であったエスクリバー神父が、この航海でどれだけ苦しんだかは想像に難くない。
二十二日真夜中、ジェノバ港に着く。ポルティーリョ神父が待っていた。質素なホテルで宿を借りた。ポルティーリョ神父が夕食のデザートからエスクリバー神父のために取っておいた一切れのチーズが、丸二日ぶりの食事になった。

ローマに到着する

翌朝、レンタカーで戦争によってズタズタにされた道路をローマに向かった。つらい旅であったろうに、エスクリバー神父は不思議なほど喜びにあふれていた。長年の夢、ローマ教皇に会うことがもうすぐ実現する。道中も教皇のために多くの祈りをささげていた。

アウレリア街道を通ってローマに着いたのは、二十三日の黄昏時《たそがれどき》だった。道路を曲がったとたん、聖ペトロ大聖堂の丸屋根が眼前に現れた。エスクリバー神父は聖堂を凝視したまま、感動の面持ちで使徒信条《しとしんじょう》の祈りを唱え始めた。

まもなく、ポルティーリョ神父たちが住むアパートの最上階に着いた。そこがエスクリバー神父のローマでの最初の住居になった。狭いテラスからは、右手に聖ペトロ大聖堂と教皇宮殿を見渡すことができる。

「わが神よ、感謝いたします。ここに来たいとどれほど望んだことでしょう」

眺めると、教皇の執政室からは、明かりがもれていた。エスクリバー神父は、テラスに出てひざまずくと、教皇の部屋に向かって祈り始めた。長旅の疲れも、体調の悪さも忘れたかのように、教会と教皇に対するとてつもなく大きな愛に満たされて祈り続けた。

「パドレ、もう夜中の十二時を回りました。少しお休みにならなければ」

ポルティーリョ神父が何度も頼んだが、無駄だった。エスクリバー神父は、テラスの手すりによりかかったまま、夜明けまで祈り続けたのだ。これほどまでに、教皇を愛し、また聖ペトロの墓前で祈るのを熱望していたのにもかかわらず、エスクリバー神父は大聖堂の外で祈るばかりであった。

彼は自分にしかわからない最も大きな犠牲をささげていたのだ。青年のころから世界中でいちばん行きたかったところに、自らの意志で行かないという犠牲である。

エスクリバー神父が大聖堂の中に入ったのは、到着してから七日後の使徒の祝日であった。七月十六日、教皇ピオ十二世との個人謁見《えっけん》がゆるされた。教皇は前もって、次の言葉を添えた写真をエスクリバー神父に送られていた。

「聖十字架司祭会とオプス・デイ創立者、私の愛する子ホセマリア・エスクリバー・デ・バラゲルに、特別の祝福を与えます。一九四六年六月二十八日。ピオ十二世」

同年八月三十一日、エスクリバー神父の要望に対する文書が教皇庁から出された。この文書は、一世紀もの間出されたことのない「目的の称賛について」というものだった。これによって、オプス・デイが最終的に認可されるための方向が示された。

ローマに定住する

エスクリバー神父は、ローマに居を定めた。まもなく、オプス・デイの本部となる建物が必要となった。そこでオプス・デイのメンバーに告げた。

「大きな建物が必要になったが、見つけるのは容易でない。たくさんの祈りと犠牲をささげて、神さまにお願いしよう」

ある日、知り合いの婦人が知らせをもってきた。

「広くてきれいな建物があるのを知っています。持ち主は私の家族の友人で、売りたいようです」

ポルティーリョ神父は建物を見に行った。元ハンガリー公使館の古い建物だった。

「エスクリバー神父さま、必要な条件をすべて兼ねそなえています。しかし、重大な問題が二つあります。一つは、そこにはまだ人が住んでいること。そして、もう一つは、私たちにお金がないことです」

そこで、エスクリバー神父は、メンバーたちに再び言った。

「主に頼み続けよう。そうすれば、きっと手に入るから」

極貧の中で

ところで、この当時のエスクリバー神父たちの経済状態について少しばかり述べておく。

アルバロ・デル・ポルティーリョ神父は、そのころ、資金集めにたずさわっていた。ときには高熱を押して奔走《ほんそう》することもあった。エスクリバー神父は、そういうとき冗談で、「アルバロの健康回復のための特効薬は、札束でできた膏薬《こうやく》だ」と言ったものである。

エスクリバー神父と傍らにいた人たちは、いつも貧しかった。大学や大学院の通学にしても、バス代や電車賃がなくて徒歩で通う有様だった。ベッドは病人のための一台きりしかなかった。皆、あちこちに寝ていた。エスクリバー神父は、道路に面した扉のそばにたびたび床を取った。扉の裂け目から冷気と湿気が入ってきたので、「ここはいちばん上等の場所だ」と笑いながら言っていた。これは、「神に犠牲をささげるには、いちばん上等の場所だ」という意味であった。

こんなエピソードもある。当時、仕事の交渉で走り回るために必要があって一台のバイクを購入した。走りどおしであったので、まもなく買い換えのときが来た。あるメンバーの母親が代金を工面してくれたのだが、そのお金を食料品店への支払いに回さざるを得なくなる。結局、その古いバイクは、それからもう四年間もローマを駆け巡ることになった。

彼らは、このような経済的に貧しい状態に不平をもらすことはなかった。むしろ、イエス・キリストのように清貧《せいひん》のうちに生きる機会だと受けとめていた。

「私たちの清貧には『私は貧乏だ』と嘆き叫ぶための声などありません。喜び味わう清貧なのです。主は持たない人、必要以上に欲しがらない人に喜びをお与えになる。貧しくても微笑みを忘れず、健康か病気を人に悟られずに生きるのです」

このように教えるエスクリバー神父自身が、清貧の徳の実践においても英雄的であった。

「自分のものを何一つ持たない。不必要なものを持たない。必要なものに事欠くときも嘆かない。選択する余地のあるとき、最も悪いもの、あまり気に入らないものを選ぶ、使用するものを大切に扱い、長持ちさせる」

こういうことを聞いても、周りの者は誰も驚かなかった。すべて、エスクリバー神父が実践していたことだったからである。

本部ビラ・テベレの家屋が手に入る

このような経済状況で、例の家屋《かおく》購入は大胆きわまりない行為であった。ある午後、ポルティーリョ神父は家屋の所有者との交渉に出かけ帰ってきた。

「パドレ、全部うまく解決しました。でも、持ち主が、スイス・フランで二カ月以内に支払ってほしいと言っているのですが」

エスクリバー神父は笑いながら言った。

「そんなことは大した問題ではない。私たちにはお金がないのだから。工面してくださるのは神さまだ。神さまにとっては、イタリア・リラでもスイス・フランでも同じだよ」

神のために、祈り、働き、使徒職を進めていくための建物であるから、神がなんとかしてくださると彼は確信していた。資金がないからといって、使徒職を遅らせることはしたくなかった。この考えは、最初のセンターＤＹＡアカデミーが始まって以来、後に世界中に使徒職活動を広げるようになっても変わらない。

「私たちはいつまでたっても貧しいでしょう。使徒職に必要を満たすに足るだけの資金をもつことはあり得ないでしょう。たとえ必死になっ

建設中のローマ本部で（1949年）

て働いたとしても、感謝すべきことだが、使徒職はそれ以上に増えるから、こういう状態が変わるはずはないのです」

数カ月たって、一九四七年、ようやくその建物の門番の家に住み始めることができた。男子メンバーは門番の家での生活を一九五三年まで続ける。そして、少しずつ他の部分も手に入れていき、建物の改築も始まった。それが現在のオプス・デイ本部ビラ・テベレである。

聖十字架・ローマン・カレッジの創設

その本部家屋と同じ敷地内に、聖十字架・ローマン・カレッジ（オプス・デイ信者のための国際神学校）を創設する計画が、エスクリバー神父にはあった。世界各国の大勢の若者が、研修を受け、オプス・デイを世界中に広げていくために、神が望まれたことである。

エスクリバー神父は予見して言った。

「ローマン・カレッジから数多くの司祭や信徒が方々《ほうぼう》に赴《おもむ》くでしょう。すでに使徒職の始まっているところでは、さらに発展させ、新しいところで使徒職を始め、あらゆる大陸のあらゆる民族の人々に教えを伝えるためのセンターを軌道にのせ、教会に仕えることとでしょう」

一九四八年に男子メンバーのために、聖十字架・ローマン・カレッジが創られた。そして、一九五二年には女子メンバーのため、聖マリア・ローマン・カレッジができた。創設されたといっても、当時は例の門番の家で始まったに過ぎない。学生たちも、当初は数名しかいなかった。

彼らは、教皇庁立の大学や大学院で、創立者が定めた学位を取得するための勉強を続けていた。最初に博士論文を仕上げたのは、後にエスクリバー神父の後継者となるアルバロ・デル・ポルティーリョ神父であった。

ローマン・カレッジの学生たち

後に（一九五九年）、来日することになるフェルナンド・アカソも一九五〇年、ローマン・カレッジの学生になった。哲学・神学・法学を学びながら、教会法博士号、法学博士号を取得した。その後に続く聖十字架・ローマン・カレッジの学生たち数千人が、神学、哲学、教会法の分野で提出した学位論文は膨大な数にのぼろう。

知的作業だけでなく、当時は手作業もたくさんあった。購入した建物の壁には、修理や装飾が必要だったので、学生たちは授業や研究の合間に、エスクリバー神父の励ましの声を聞きながら、ペンキを塗り、セメント袋を運んだ。当時の思い出を先のフェルナンド・アカソは、次のように語る。

「私は、そのころパドレ（エスクリバー神父）のすぐ傍らで、さまざまな仕事をしていました。いちばん思い出深いことは、パドレの病気のことです。当時、重い糖尿病を患っていました。そのために食事制限もし、日に二度のインシュリン注射も受けなければならなかったのです。しかし、一日中仕事、働きずくめでした。とても朗らかで、一緒にいるとパドレが病人だとは誰も気づかないほどでした」

学生たちは、エスクリバー神父の傍らで、彼の模範と言葉に習い、オプス・デイの精神を修得していった。エスクリバー神父こそが、学生たちにとって最高の教師であり、最高の教科書だったのである。

ローマン・カレッジで学んだ学生たちは、その後、からし種のごとく世界中の国へ飛び散ることになる。それぞれの熱い夢とエスクリバー神父の次の言葉を抱いて……。

「多くの国々で、大勢の人々が、私たちを待っている。夢をもちなさい。そうすれば、もっと素晴らしいことを目にするだろう」

ローマから世界へ

オプス・デイの使徒職活動が世界中に広がっていく引き金となったのは一九四六年、創立者がローマ定住を決めた年である。一九四六年にはポルトガル、イタリア、イギリスで、一九四七年フランス、一九四八年アイルランドで、使徒職活動が開始された。一九四九年はアメリカ大陸での活動計画の年となった。メキシコとアメリカで第一歩が踏み出され、翌年にはアルゼンチン、チリと続いた。

神の国を広めるために必要なことは、ただ一つ、全能なる神への絶対的な信頼をもち、信仰、希望、愛の徳に生きることである。

「旅には何も持って行ってはならない。杖も袋もパンも金も持ってはならない。下着も二枚は持ってはならない」（ルカ9・3）

イエスは、こういう指示を与えて弟子をお遣わしになった。何も持たずに、それは成功が彼らのものではないことをはっきりわからせるためであった。人々の回心や奇跡も、それは決して弟子たちの素質のおかげではないからである。

エスクリバー神父は語っている。

「はじめのころ、私は、ちょうど主が弟子をお遣わしになったように、私の子どもたちを使徒職のために送り出した」

一九四九年に、最初の三人の司祭の一人ホセ・ルイス・ムスキス神父がアメリカに渡ったときも同じだった。創立者は、自分の祝福と聖母の御絵《ごえ》を与えて、「これ以外に与えるものがない」と言って送り出したのである。

第六章　夢の実現　世界中にはばたく仲間たち

からし種のごとく

　このようにして、非常にすぐれた素質を備え、専門分野でずば抜けた経歴を有するメンバーたちが、世界中に旅立った。一九五一年コロンビア、ベネズエラ、一九五二年ドイツ、一九五三年ペルー、グアテマラ、一九五四年エクアドルで次々と活動が始まった。エスクリバー神父自身も、すでに使徒職を始めている人々を励まし、また将来の使徒職の基礎を築くために、一九五五年、ドイツ、フランス、スイス、オランダ、ベルギー、オーストリア各国を訪ねる長い旅をした。

　その後もオプス・デイの使徒職は、世界中に広がる。一九五六年にはウルグアイ、スイス、一九五七年ブラジル、オーストリア、カナダ、一九五八年日本、ケニア、エルサルバドル、一九五九年コスタリカ、オランダ、一九六二年パラグアイ、一九六三年オーストラリア、一九六四年フィリピン、一九六五年ベルギー、ナイジェリア、一九六九年プエルトリコと続いた。

目覚しい発展ぶりを目の当たりにして、エクスリバー神父の胸中に去来《きょらい》したのは、福音書に出てくるあの「からし種のたとえ」であった。

「天の国はからし種に似ている。人がこれを取って畑に蒔けば、どんな種よりも小さいのに、成長するとどの野菜よりも大きくなり、空の鳥が来てその枝に巣を作るほどの木になる」（マタイ13・31〜32）

教皇ヨハネ23世と（1960年）

神が蒔かれたオプス・デイという小さな種子は、芽をふき、さまざまな困難に遭遇《そうぐう》しつつも成長を遂げていった。

「どのように始まったかは、私だけが知っています。人間的手段は何もなく、神の恩恵だけでした。しかし、たびたびあのからし種のたとえ話が実現したのですから、神への感謝を忘れることはできません」

神への絶対的な信頼こそが、使徒職の原動力だった。エスクリバー神父は、世界中にいるメンバーの使徒職を祈りと犠牲で支えた。また、手紙を書き、励ましと必要な勧めを与えて導いた。

しかし、謙遜な心から自己を忘れるエスクリバー神父は、初期のメンバーの聖なる生活のおかげでオプス・デイは発展を遂げたと、しばしば話していた。

「沈黙と微笑みのうちになされた当時の絶え間ない彼らの祈りと仕事が、オプス・デイの基礎をつくったのです」

第二バチカン公会議

エスクリバー神父は、ローマで行われた第二バチカン公会議（一九六二年～一九六五年）の開催をたいそう喜んだ。公会議では、教会における信徒の役目において進歩があろうと予見していたのである。しかし、自身は会議に参加していない。教皇庁からは、公会議教父あるいはオブザーバーとして参加するように招待を受けたが、固辞せざるを得なかった理由があった。オプス・デイの教会内での法的位置づけが明確になっていないまま、出席すればさまざまな誤解を生むからだった。しかし、その代わりポルティーリョ神父が、公会議のいくつかの委員会顧問として、また信徒に関する準備委員会の委員長として、積極的に参加することになった。

教皇ヨハネ23世から第二バチカン公会議を引き継いだ教皇パウロ6世と（1964年）

第二バチカン公会議では、司祭職への召し出しの減少傾向の中で世界各地に聖職者をバランスよく配置したいとする司牧的な願いから、特定の教区に所属しない聖職者のグループの創設についての可能性が語られ、公会議閉会の翌年（一九六六年）に出された教皇令に、「非地域的」教区（praelatura personalis属人区）創設のガイドラインが示された。

一九六五年、公会議の閉会後、エスクリバー神父は語った。

「子どもたちよ、この会議の実りを喜ばなければなりません。三十年の間、異端的だと非難されてきた私たちの精神が、今、公会議で荘厳に承認されたのです」

オプス・デイが教会法に基づいて固有の自立性と裁治権を有する属人区に指定されたのは一九八二年、時の教皇ヨハネ・パウロ二世によって公布された使徒憲章「Ut sit」(ウット・シット)においてであった。それは、エスクリバー神父の帰天七年後のことだった。

グァダルーペの聖母のみ前で

エスクリバー神父は、数限りない聖母の巡礼地を訪れたが、中でも歴史的に最も重要なのは、一九七〇年五月のメキシコのグァダルーペ大聖堂への巡礼だった。この地に現存する聖母画の由来を短く説明しておきたい。

一五三一年十二月九日、現在のメキシコ・シティー近郊山上で、ホアン・ディエゴというインディオに聖母が出現した。聖母は、その場所に聖堂が建立されることを望んでいる旨を司教に伝えるように命じる。しかし司教は聖母出現を信じない。聖母は、その確証のためにその季節に咲くはずのない花を摘み、司教に届けるように指示した。彼は、山の中で奇跡的にも季節はずれのバラを見つけ、ポンチョ（かぶり布）にくるんで持参する。司教の前で布を広げると、そこにはなんと聖母の姿が写し出されていた。それが、聖母画の由来である。

サボテンの繊維で作られた布の上の聖母画には、不思議にも絵筆の痕跡が見られず、現在なお色彩の輝きが失われていない。また、その聖母の瞳には、司教ら聖母を見た人々の姿が写っていることが、近年発見された。同画は、その地に建てられた聖母聖堂に安置され、今もメキシコ人の聖母崇敬の中心となっている。

一九五二年、エスクリバー神父は、アカソ・フェルナンドに命じ、その絵の模写をポルティーリョ神父の執務室に掛けさせている。ポルティーリョ神父の母親は、メキシコ生まれだったからである。その執務室はエスクリバー神父の仕事場でもあったから、グァダルーペの聖母は、いつも彼の仕事を見守り助けてきたことだろう。

一九七〇年になって、エスクリバー神父が、メキシコのグァダルーペの聖母聖堂まで出かけていったのには、理由があった。当時、第二バチカン公会議の教えが、ある人々によって歪曲され、教会内部に教義上の混乱を起こすと知るや、エスクリバー神父は心を痛め、あちこちの聖母巡礼地に出かけて祈った。グァダルーペの聖母のみ前で九日間の祈りをささげたかったのは、教会に必要なこととオプス・デイの法的形態が神のお望みどおりに成就することを聖母に祈願するためだった。

また、メキシコでの旅には、巡礼のほか、多くの人々に会って教会とオプス・デイの精神を教え導く目的もあった。エスクリバー神父は、メキシコ滞在の約一カ月間におよそ二万人と出会って対話をしている。

メキシコ滞在中の一つのエピソードを書いておきたい。六月の暑い日、司祭たちとの集まりがあり、いつものようにエスクリバー神父は熱意をこめて話をした。終わると、疲れがたまっていた上に病気だったので、休むための部屋に案内された。部屋に入ると、壁にはグァダルーペの聖母の御絵《ごえ》が掲げられていた。絵の中の聖母マリアは、ホアン・ディエゴに一輪のバラを手渡そうとしている。

エスクリバー神父はその絵を見ながら黙想し、静かにつぶやいた。

「私も、聖母を見つめながら、そして彼女から一輪の花をもらって死ぬことができれば……」

カテケージスの旅

一九七〇年五月十五日から六月二十二日までのメキシコ滞在が、使徒職を発展させる契機となった。エスクリバー神父は、その間に多くのメキシコ人の集まりで、教会の教えとオプス・デイの精神を教え導いた。ほとんどが初対面の人だったが、会った人は誰もが神父に魅了された。神の人の人間性豊かで自然な振る舞い、ユーモラスで率直な語り口、聴衆一人ひとりの心を神へ導く深い教え。「何百人、何千人もの人がいても、神父は自分に向かって話してくださっている」と、多くの者が感じた。ある者は回心をし、ある者は神と人々への愛に燃えた。

メキシコでの多くの使徒的実りを知ると、エスクリバー神父は神に感謝しつつも困惑した。エスクリバー神父が生涯モットーとしてきたことは、自分は消えて隠れることであったからである。神の道具となり、それ以外のものにはなりたくなかったのだ。

しかし、同時にこれが神のお望みで、神が自分をお使いになりたいのなら、「神の旅芸人」になろうと決心する。

メキシコへの旅行から、一九七二年スペイン・ポルトガル、一九七四年からは中南米の各国のより多くの人々を導くカテケージス（要理教育）の旅へと発展していく。

神父は、すべての霊魂を救わんという熱意の火に焦がされていた。その火を地上に燃やし広げようとキリストは来られた。同じ火をもつエスクリバー神父の目に、地理的・政治的な境界線は取るに足りないものと見える。神父のカトリック的・普遍的な目が、新しい使徒職の可能性を切り開いた。

たとえば、一九七四年、ブラジルにおいてもそうだった。

「この国では、誰でもごく自然に両腕を広げ、あたた

（1972年）

かい心で受け入れる。これを超自然的な努力へと変えてほしい。神を知ること、そこにすべての霊魂を引っ張り込むという偉大な仕事へと、変えていってほしいのです」

「この熱意を、慈しみとして、兄弟愛として、キリスト教の精神的な息吹《いぶき》として、地上のすべての人にもたらしなさい」

その場にいて、神父の話を聴いていた何千ものブラジル人は驚いた。それは発想の逆転を意味したからだ。いつもブラジルは福音宣教をすべき地であると考えられてきた。それなのに、エスクリバー神父はブラジルを偉大な福音宣教の力をもった人々の地として描き、信仰の超自然的な富を他の国々に伝える義務がある、と言ったのである。

エスクリバー神父は、ブラジルで生まれた日本人二世のメンバーに心を割って話したこともある。

「あなたのかわいい顔を見ると、あなたの国が思い浮かぶ。あなた方日本人が大好きだ。あなたの国は立派で高貴に満ち、学問と文化に打ち込む人々の国です。真理と神を渇き求めながら、なお異教の暗闇にいる人々……」

神父の願いに応えて、その後、日本人二世の何人もが帰国し、日本のために多大な貢献をすることになる。帰天する直前まで続けられたカテケージスの旅で、エスクリバー神父の話を聴いた人は百万人を超え、世界中に大きな実りをもたらした。

トレシウダに戻る

多くの人々が、エスクリバー神父に会い、神父の言葉を聴きたがった。しかし、世界中で成功を収めても、神父の謙遜はいささかも変わらなかったと言える。どこに行っても、自分が称賛されることを神父は嫌った。

「私は、神が手紙をしたためた封筒です。手紙が取り出されると、封筒はゴミ箱に捨てられるものです」

「私は、目も耳も悪い道具に過ぎません」

人々がエスクリバー神父を真似《まね》たいと願うと、自分を模範としないように、繰り返さねばならなかった。

「イエス・キリストに従わず、この哀れな罪人に従ったところで何になりましょう」

しかし、唯一の例外があった。それは、聖母マリアへの愛である。もしも、私を真似たいのなら、マリアへの愛だけだと言ったのである。エスクリバー神父のマリア信心は、二歳のころ大病を患い、一命を取り留めたトレシウダのマリア信心から芽生えたのかもしれない。聖母には返しきれないほどの恩があることを、誰よりも知っていた。

（1974年）

晩年になって、エスクリバー神父の聖母マリアへの感謝の深さを証しする「最後の石」となったのが、トレシウダの巨大な聖母聖堂の建設である。工事は一九七〇年に着工。資金もなく、民間信仰が薄れ、ゆるしの秘跡離れが目立ってきた中で、しかも観光ルートや大都市からずっと離れた山の上に推進された巨大プロジェクトであった。聖堂のレタブロ（祭壇奥の飾り壁）は、およそ一三〇平方メートルの広さに見事な彫刻の美しさをもつ。

一九七五年五月二十三日、神父はこの地を訪れて、完成間近の聖堂で祈った。祭壇背後の飾り壁の美しい彫刻を感動の面持ちで見て言った。

「実に見事です。ここで祈るのは、なんと素晴らしいことでしょう」

現在、この聖所には、スペインやヨーロッパだけでなく、他の大陸からも巡礼者が訪れている。聖堂では、毎日数回のミサがたてられるほか、数百人規模の研修会や黙想会の場所としても使われる。広場では、数万人規模の野外ミサを行うことができる。地下礼拝堂には、四十カ所のゆるしの秘跡の場が設けられているが、それでも列ができるほど、人が押し寄せることもある。「四十年間も、ゆるしの秘跡をしていなかった。今、とても幸せだ」という類《たぐい》の感想が聞かれるようにもなった。「トレシウダの聖母に多くの内的な奇跡、魂の変化つまり回心《かいしん》をお願いしましょう」と皆に呼びかけ、自身も祈ってきたことが実現しているのである。

多くの人々を回心と祈りに導く聖母聖堂の建立を、聖母マリアは、どれだけ喜ばれたことだろう。これが、聖母に対するエスクリバー神父の地上最後のささげ物になった。

天国への旅立ち

一九七五年六月二十六日は、エスクリバー神父の生涯最後の日となった。

朝のミサの後、ローマ近郊にある聖マリア・ローマン・カレッジに行った。二日後にしばらくの間ローマを離れるので、女子メンバーたちに別れを告げるためである。到着すると、聖堂に入ってしばらく祈った後、木の十字架に接吻すると、「扇の間」での団欒《だんらん》に臨んだ。

部屋に入るとき、いつものように聖母の絵に愛情深い目で挨拶をした。その絵は、神父の母が結婚するとき両親から贈られたものであった。エスクリバー家でホセマリアの誕生と成長を見守り、その後、母ドローレスが晩年を過ごしたマドリードのディエゴ・デ・レオンというセンターの部屋にかけられ、彼女の臨終をも見守った絵画である。

娘たちと神父の団欒は、快活で心地よいものだった。

「皆さんは司祭の心をもっています。いつものように、それを言うためにやってきました。その司祭の心で、皆さんの兄弟の司祭を助けることができるし、またそうしなければなりませんよ」

話が使徒職のことに及ぶと、日本の長崎市で設立交渉中の小学校にも触れ、たくさんの祈りをささげるように頼んだ。しかし、団欒はエスクリバー神父の気分がすぐれなくなったために、二十分ほどで終わった。

別の部屋でしばらく休んだが、体調は良くならない。ポルティーリョ神父も周りの者も、もう少し休むように勧めたが、神父は聞き入れなかった。「オプス・デイの司祭は、女性のセンターには司祭職を行うための必要最低限の時間だけ滞在するということを私たちに思い出させるためだったのでしょう」とポルティーリョ神父は述懐《じゅっかい》する。

ガレージまで見送った娘たちを気遣い、いつもの陽気さで「すまないね。つまらないことで面倒をかけて」とにこやかに言って、別れを告げた。

本部ビラ・テベレに着くと、いつものように待ち構えていたメンバーたちにただいまを言い、聖堂に入った。ひざまずいて主に挨拶をすると、執務室に向かった。敷居をまたいだ直後、「ハビ!」と、ハビエル・エチェバリーア神父を呼んだ。

「気分が良くないんだが……」と言い、そのまま床に倒れた。

執務室の壁には、エスクリバー神父の最後の視線を受けたグァダルーペの聖母の絵が、事の成り行きを静かに見守っていた。

ポルティーリョ神父は、生前から神父に頼まれていたとおり、エスクリバー神父の息が絶えぬうちに病者の塗油の秘跡を授けた。医師が駆けつけてきて、あらゆる手を尽くす。しかし、エスクリバー神父はすでに、天国に向かって旅立っていた。その表情は穏やかで、微笑みをたたえ、まるで眠っているかのようだった。

ポルティーリョ神父は語る。

「私たちにとっては、あまりにも突然のことでしたが、実はパドレには死の予感があったようです。というのは、日ごとに、教会と教皇さまのためにいのちをささげる祈りをされることが多かったからです。また、天国からのほうがもっとよく私たちを助けられると繰り返していました」

エスクリバー神父は、翌日、平和の聖マリア聖堂の地下墳墓《ふんぼ》に埋葬された。

墓石に彫り込む言葉については、一九五七年、建築家だったヘスス・ガサポにこれは自分の望みにすぎないから自由に決めてもいいと言いながらも、次の言葉を託していた。

ホセマリア・エスクリバー・デ・バラゲル

数多くの息子と娘を生んだ

罪人
彼のために祈ってください

このとき託した言葉を、一九七五年に生涯を閉じるまで、エスクリバー神父は一度も訂正していなかった。

いかにエスクリバー神父の謙遜が深くても、残された者たちにとって、望みどおりの文字を墓石に刻むことはできなかった。全員の望みを推しはかって、墓石には金箔の銅製の文字で、「パドレ（El Padre）」とだけ記された。

帰天したとき、エスクリバー神父は全世界の数十万人の人々から、親しみと愛情をこめて、「パドレ」（お父さん）と呼ばれる人だったからである。

第七章　日本への思い

日本への夢

繰り返しになるかもしれないが、書いておきたい。聖ホセマリアは日本に対して特別の気持ちをもっていた。一九七四年、帰天一年前、中南米を訪問した際に、師に会うために集まった数千の人に話している。

「日本のためにたくさん祈ってください。勤勉で、秩序正しく、まじめで、頭の大変良い人々がいるあの素晴らしい国を私はとても愛しています。日本を誉め始めればきりがありません。しかし、日本の人々が真の信仰を知らないことがとても残念です。非常に大きな国です。面積のことではなく、人口のことです。主が多くの召し出しを送ってくれるように祈る価値があります。そうして皆さんは、多くの人を神さまのもとへ導くことができるのです。神さまを知るようになった日本の人たちは、カトリックの信仰によって、さらに良いことができるようになるでしょう」

エスクリバー神父は、祈りの力を絶対的に信じていた。祈りこそがオプス・デイの武器だと繰り返し教えた。この師の勧めに従って、日本のために祈った人々は世界中にどれだけ多いことだろう。エスクリバー神父が日本への特別な思いをもち始めたのは、オプス・デイ創立以前からだった。

一九三〇年代に著した『道』の三一五番に「宣教師。宣教師になる夢。あなたはザビエル並みの布教熱に動かされ、キリストのために国々を征服したいと思っている。日本、中国、インド、ロシア……」とある。この文の「あなた」は、エスクリバー神父自身を表す。謙遜ゆえに自分について話題にしたくなかった彼は、必要なら二人称（あなた）か三人称（彼）を使って自分のことを書き表すことが多々あった。

また、『鍛《きたえる》』の八八番にも、日本への宣教の

日本人男性と（1969年）

夢をほのめかす文章がある。

「今は日本での宣教以外に、苦しみの多い隠れた生活のことを考えている」

神父は、母国スペインが生んだ宣教師フランシスコ・ザビエルのように、自分も日本に行き、キリストの教えを伝えたいという熱い夢をもっていたのである。

そのことを、師の後継者として、一九八七年来日したアルバロ・デル・ポルティーリョ神父は個人的に証言した。

「創立者は、日本に特別の愛情をもっていました。実は、創立者自身が司祭になった若いころから日本に宣教に来たかったのです」

それができなかったのは、彼が神のみ旨により、オプス・デイの創立者になったからである。一九二八年十月二日、神はエスクリバー神父に世界に広がるオプス・デイのビジョンをお見せになった。その中に日本人の顔もあったはずである。

しかし、師には創立者としてやるべきことがあまりにも多過ぎた。そこで、エスクリバー神父は、日本への宣教という夢を自分より若く、そして最も信頼に足る人物に託そうと考えた。それは、当時大学生で、後に後継者となるアルバロ・デル・ポルティーリョであった。ポルティーリョ神父は語った。

「一九三五年、私はオプス・デイへの召し出しの後すぐに、エスクリバー神父が日本語の勉強を勧めたので、あまり効果はあがらなかったのですが、勉強し始めたことをよく覚えています」

日本人女性と（1970年）

彼が日本に送られなかったのは、オプス・デイがまだ世界に広がる時期ではなかったからである。そして、ポルティーリョ神父自身もエスクリバー神父の後継者として、ローマを離れることができなくなったからでもある。

しかし、エスクリバー神父の日本への夢はその二十三年後、実現する。

日本へ

オプス・デイを日本に招き入れたのは、田口芳五郎《よしごろう》大阪大司教（後に枢機卿）である。一九五七年十一月、田口大司教はローマにいた。その後、スペインと南アメリカを訪問する予定だった。オッタビアーニ枢機卿は、このアジアの司教に西欧やアメリカ大陸におけるオプス・デイの使徒職の発展や将来性について語った。そして彼に、もしオプス・デイが日本で始まるならば、日本にとって大きな助けになるとも告げた。

エスクリバー神父は、ついにオプス・デイが東洋に渡っていくときが来たと考えた。そこで、アメリカからローマに一時的に滞在していた、最初の三人の司祭の一人ホセ・ルイス・ムスキス神父を田口大司教のもとへ送った。オプス・デイの信者たちが日本に行くための手続きを、ムスキス神父に託したのである。

田口大司教は、ムスキス神父の話を興味深げに聞き入った。日本のため、オプス・

デイの信者に来てほしいと願った上でつけ加えた。

「四月中旬に、日本にお越しになればよいのですが、そのころは、会議のために私は東京にいる予定です。お迎えすることができるでしょう。その上、そのころは桜が満開です。きっと、日本により快い印象をもたれるでしょう」

ムスキス神父から、この言葉を聞いたとき、エスクリバー神父は愉快そうにほほえんだ。オプス・デイを歓迎するために、桜が咲く美しい時期を選んだ田口大司教の濃やかな心遣いに日本人らしさを感じたのかもしれない。

日本からの最初の手紙

一九五八年四月、ホセ・ルイス・ムスキス神父は、東京に着いた。飛行場に足を降ろすやいなや、まったく異なる世界に来たことを目の当たりにした。意味不明の言葉を話す東洋の人々の中に、幸いにも一人の日本人青年が彼を待っていた。彼はアメリカのイリノイ州で知り合った人物であった。

それから一カ月の間、ムスキス神父は日本列島を旅し続けた。旅に同行し、何かと世話をしてくれたのは当時大阪司教館にいた田中健一神父（後の京都教区司教）だった。ムスキス師は、自然、街、人々についてのさまざまなメモを取っていった。東京を出発し、電車の窓から富士山の美しい姿を眺めることもできた。

彼は来日後しばらくして、東京からエスクリバー神父に最初の手紙を送っている。日本から初めて届く手紙を、エスクリバー神父をはじめローマにいる人々は非常に心待ちにしていたらしい。郵便の係をしていた者は、エスクリバー神父を喜ばせようと、ほかの郵便のいちばん上にその手紙を置いた。神父は日本からの手紙を見つけ手に取ると、満面に笑みを浮かべた。四月十九日の消印があるその最初の手紙には、旅行の印象がつづってあった。その中で、日本でのメンバーの活動にとって、後に重要なヒントになることも書かれていた。それは、日本人が外国語に関心をもっている、ということであった。エスクリバー神父は読み終えると、封筒にペンで書きこんだ。

「日本からの最初の手紙！　聖マリア、海の星、あなたの子どもたちを守り給え」

この言葉は、日本に行くメンバーたちを守ってくださるように、エスクリバー神父がその後も繰り返した祈りだった。郵便のことについて、後にポルティーリョ神父は次のようなエピソードを語っている。

「それ以来、郵便物の仕分けのとき、日本からのものは封を切り、別に取っておきました。他のものは山積みにし、後で私と一緒に読みました。日本からの手紙がいつも最初でした」

生涯にわたる犠牲

エスクリバー神父の日本に対する特別な愛情は、時を経ても変わっていない。

セイドー外国語研究所（一九五八年〜現在は休止）の所長を務めたアントニオ・メリックは、来日前一九六二年八月に、スペインのパンプローナでエスクリバー神父に会っている。アントニオがもうすぐ日本に行くことを知ると、エスクリバー神父は、顔をほころばせながら十字の印をして彼を祝福し言った。

「喜んで日本に行きなさい。日本人はとてもよく働く素晴らしい民族です。ただ、信仰がない。あなたはきっと良い仕事ができるでしょう。日本のメンバーたちは、農夫が五月の雨を待ち焦がれるようにあなたを待っていますよ」

ローマに留学していた女子メンバーも、エスクリバー神父から直接に聞いた。

「日本は良い人たちがたくさんいる大きな国です。時が経ても、私が日本の人たちをとても愛し、日本のことを心に深くとめ、その回心のためにたくさん祈ったと、あなたはいつも言うことができるでしょう」

ときおり日本からローマを訪れるメンバーたちに、エスクリバー神父は来日を懇願されることがあった。しかし、「桜の咲くころに行きたい」と答えることもあったが、ついに日本を訪れることはなかった。

どうしてだろう。エスクリバー神父がこれほどまでに日本に愛情をもちながら、日本を一度も訪問しなかったのはなぜだろう。

十八歳でアメリカから来日、京都大学で博士号を取得し、卒業後に教鞭を取ったデイビッド・セル教授は、一九七二年に本部ビラ・テベレでエスクリバー神父に会っている。そのとき、彼は思い切って願った。

「パドレ、いつ日本に来てくださいますか」

するとエスクリバー神父は、次のように答えたという。

「日本に行くのは私にとって難しいことです。私はオプス・デイで、他の誰よりも従わなければならない者ですから」

エスクリバー神父が来日しなかった主な理由は、二つあると私は思う。

一つ目は、このときセル教授に答えたように、オプス・デイ創立者としての従順のためである。もし神からオプス・デイを創立するように命じられていなければ、一人の神父として日本に宣教しに来ていたかもしれない。しかしエスクリバー神父に任された創立者としての仕事は世界中に及び、日本だけを気にかけることはなかったし、本部のあるローマを離れることは困難だった。神への従順ゆえに、神の命じるままに留まったのである。

もう一つの大きな理由は、エスクリバー神父の深い内的生活と照らし合わせて考える必要がある。おそらく理解され難いことだろうが、エスクリバー神父が来日しなかった二番目の理由は、「日本に行きたかったから」である。

常にキリストに倣って生きたいと思うエスクリバー神父は、英雄的な肉体的犠牲とともに、信じ難いほどの内的な犠牲をする人だった。その中の一つとして、たとえ美しく良いものを見る機会があっても、敢えてそれを見ないという犠牲があった。たとえば、一九四六年に初めてローマに着いたときも、聖ペトロ大聖堂に行って巡礼するのが長年の望みであったのに、ただ外から見て祈るばかりの数日間を過ごした。それがエスクリバー神父にとって、そのときの最大の犠牲だったからであろう。エスクリバー神父が人知れず行ってきたこのような内的な犠牲は、日常的に数限りない。ゆえに、私には一つの確信がある。

エスクリバー神父は、若いころから抱いてきた「日本に行きたい」という熱い望みを生涯、犠牲として神にささげ続けてきたのである。

第八章　聖ホセマリア・エスクリバー神父の言葉

聖ホセマリア・エスクリバー神父が唱えていた念祷前後の祈りとともに、師の著書『道《みち》』『拓《ひらく》』『鍛《きたえる》』の中から、黙想の助けとなるエスクリバー神父の言葉を聖霊の十二の実（参照　ブルガタ訳聖書ガラテヤ5・22～23、カトリック教会のカテキズム1832）に分けてご紹介します。

聖ホセマリア・エスクリバー神父が唱えていた念祷前の祈り

わたしの主、わたしの神、あなたがここにおられ、わたしをごらんになり、わたしの言葉を聞いておられることを、固く信じます。深い敬いの心であなたを崇め、わたしが犯した罪のゆるしをお願いします。どうかこの祈りのときに実りをお与えください。無原罪《むげんざい》の聖母、父であり、あるじである聖ヨセフ、守護《しゅご》の天使、わたしのために執《と》り成《な》してください。

聖ホセマリア・エスクリバー神父が唱えていた念祷後の祈り

わたしの主、この念祷で示してくださった良い決心と感情と教えに感謝いたします。どうか、これを果たすことができるよう、お助けください。

無原罪の聖母、父であり、あるじである聖ヨセフ、守護の天使、わたしのために執り成してください。

聖ホセマリア・エスクリバー神父の言葉

愛

＊自分の仕事を終えたときは、キリストのために、あなたがあたかもすべきことをしているに過ぎないかのように、兄弟の仕事をしていることを相手が感じもしないほどの繊細さと自然さをもって手伝いなさい。それこそ実に、神の子の洗練された徳である。
（『道』440）

＊あなたに対する隣人の愛が足りないので心が痛む。あなたの愛徳――神への愛――の不足のために、神はどれほど心を痛めておられることだろう。
（『道』441）

＊他人のことを決して悪く思ってはならない。その人の言動を見て、そう判断するの

が当然のようであっても。（『道』442）

＊ネガティヴな批判をしてはならない。誉めることができないときは、沈黙しなさい。（『道』443）

＊陰口は使徒職を汚し、停滞させる垢である。陰口は愛徳にもとり、力を弱め、平和を奪い、神との一致を失わせる。（『道』445）

＊侮辱されても、必要なら、最初の瞬間からゆるす努力をしなさい。受けた迷惑や侮辱がどれほどひどくても、神はそれ以上にあなたをゆるしてくださったのだから。（『道』452）

＊目隠しをしたまま石を遠くに投げると、どんなに大きな害を引き起こすかわからないのか。何でもないと思って口にした陰口が、時には重大な害を及ぼすことすら、あ

なたにはわかっていない。無遠慮や激情によって目隠しされているからである。

（『道』455）

＊批判すること、破壊することは、難しくない。見習いの石工でも大聖堂の上質で美しい石に鑿《のみ》を打ち下ろすことは可能である。建設すること、それには親方の腕が必要なのだ。

（『道』456）

＊あなたの愛徳は……、尊大だ。遠くからなら人を惹きつける、光り輝いているから。近づくと突き放す、温かみがないから。なんと残念なことか。

（『道』459）

＊愛徳は、〈与えること〉以上に、〈理解すること〉にある。だから、隣人を判断する義務のあるときは、その人のために言いわけを探してあげなさい。必ずあるはずだから。

（『道』463）

喜び

＊真の徳は悲しくも厭わしくもない。真の徳とは優しく喜ばしいものである。

（『道』657）

＊物事がうまくいくなら、実を結ばせてくださる神を称えて喜び合おう。うまくいかないのか。それなら、ご自身の十字架にあずからせてくださる神を称えて喜び合おう。

（『道』458）

＊あなたがもつべき喜びは、健康な動物の、いわゆる生理的な喜びではない。私たちの父なる神の優しい御腕にすべてを、そしてあなた自身を、お任せすることから生まれる超自然的な喜びである。

（『道』659）

＊使徒であるなら、決して落胆してはならない。克服できない障害などあり得ない。なぜ、悲しんでいるのか。

（『道』660）

＊仏頂面……、荒々しい動作……、滑稽な面相……、感じの悪い風貌。そんな態度で、キリストにつき従うよう、人々を励ますことができると思うのだろうか。

（『道』661）

＊喜びがないというのか。考えてみなさい。神と私の間に何か妨げがあるからではないか、と。たいていの場合、当たっているだろう。

（『道』662）

＊悲しみを癒す薬が欲しいというのか。それならあなたに、権威ある使徒聖ヤコブの書いた優れた処方箋を差し上げよう。

「あなたがたの中で苦しんでいる人は、祈りなさい」

さあ、祈りなさい。試してみなさい。

（『道』663）

＊常に喜んでいてほしい。喜びはあなたの道に必要不可欠な部分なのだから。皆のために、その同じ超自然的な喜びを祈り求めなさい。（『道』665）

＊「主を求める者の心よ、喜べ」。これは、なぜあなたが悲しんでいるのか、その理由を見つけるための光である。（『道』666）

＊あなたは幸せでない。いつもすべてにおいて自分を中心に考えるからである。おなかが痛い、疲れた、ああ言われた、こう言われた……と。主のこと、そして、主を思うがゆえに人々のことを考えてみたことはあるのだろうか。（『拓』74）

＊あなたは若返った。神との交わりのおかげで、短期間に若者の純朴で幸せな頃の状態に戻ることができたのだった。それればかりか、子どもっぽいことをせずに霊的幼児としての確信と喜びまでが蘇ってきた……。

まわりを見渡すと仲間にも同じことが起こっているのがわかる。主に出会ってから時が経ち、円熟期に入り、消えることのない若さと喜びが増してきたのだ。歳が若いからではない、心が若く喜びに満ちているからである。内的生活のこのような現実が人々を惹きつけ、固め、従わせるのである。「若さを喜びで満たしてくださる神」に毎日感謝しなさい。

(『拓』79)

＊信仰も希望もない人や、生きる理由を求めても見つけ得ず、苦悩に打ちひしがれた人々を尻目に、あなたは一つの目標を見いだした。すなわちキリストである。目標を発見したおかげで、生活には絶えず新たな喜びが注ぎ込まれ、あなたは変わるだろう。それまで知らなかった美しい事柄が、日々眼前に無限の広がりを見せ、あなたを神へと導くこの広い道が、いかに喜びに満ちたものであるかを示してくれるだろう。

(『拓』83)

平和

＊あなたが書いてきたことをここに写しておく。

「私の喜びと平和。平和がなければ、決して真の喜びはないだろう。ところで、平和とは何か？ 平和は戦争と密接な関係がある。平和とは勝利の結果である。平和を得ようとすれば、絶え間ない戦いが要求される。戦わなければ、平和を得ることはできないだろう」

（『道』308）

＊平和、平和、とあなたは言う。ところで、平和とは……〈み心に適う人々〉のものである。

（『道』759）

＊〈喜びと平和〉。これは、聖なる依託のもたらす確かな実り、甘美な実りである。

（『道』768）

＊あなたは、幼い子どもたちの感謝する様子を見たことがあるだろうか。好運にあっても、不運にあっても、子どもを真似てイエスに申し上げなさい。「イエスさま、あなたはなんと善い方なのでしょう、なんと善い方なのでしょう……」と。

この言葉を本気で心の底から口にすることができれば、幼子の道を歩んでいる証拠である。幼子の道を歩むなら、笑いと涙において限度を守るが、神の愛においては限度を設けず、平和を得ることができるだろう。

（『道』894）

＊互いに祈り合いなさい。あの人はふらふらし、浮き足立っている……。そして、あの人も……？ 祈り続けなさい。心の平和を失わないで。それでも、彼らは離れていく……？ 消えてしまう……？

主は永遠からあなたたちを、ご自分の者たちの数にお加えになっているのだ。

（『道』927）

＊聖マリアは、教会が呼ぶように、平和の元后である。だからあなたの心、家庭や仕

事場の雰囲気、社会生活や国々の間で騒ぎが起きるなら、〈平和の元后、我らのために祈り給え〉という叫びを繰り返しなさい。少なくとも、あなたが落ち着きを失ったとき、試してみなさい。効き目の速さに驚くことだろう。

（『拓』874）

忍耐

＊苦しみや軽蔑……十字架が身に振りかかってきたときには、こう考えるべきである。私が当然受けるはずのものに比べれば、取るに足りないことではないか、と。

（『道』690）

＊大きな困難に出遭い苦しんでいるのか。ひどい逆風の最中なのか。さあ、ごくゆっくりと、よく味わいながら、次の力強く雄々しい祈りを唱えなさい。

「神のいと正しく、いと愛すべきみ旨は、万事に超えて行われ、全うされ、賛美され、永遠に称えられますように。アーメン。アーメン」

あなたが必ず平和を取りもどすと保証しよう。（『道』691）

＊この世の人生は……、つらいと、あなたは思い悩んでいる。しかし、それは短い……夢のようなものだ。喜びなさい。父なる神はあなたを深く愛しておられる。あなたが邪魔をしないかぎり、この悪夢のあとで素晴らしい目覚めをお与えになるだろう。（『道』692）

＊叱られたのか。高慢心に負けて腹を立ててはならない。むしろ、こう考えなさい。なんという思いやりだろう。他にも言わずに辛抱してくれていることがたくさんあったはずなのに。（『道』698）

＊もうそれ以上〈昇る〉ことができないと言うのか。まあ、無理もない。あのような罪を犯したのだから。しかし、忍耐すれば、〈昇る〉こともできるだろう。あの霊的著作家の言葉を思い出しなさい。「あなたの哀れな心は、翼を泥まみれにしたままの

小鳥である」

翼にこびりついている泥、すなわち、悪い傾き、想像、気弱さを取り除くためには、小さな戦いをたゆみなく続ける努力と、天から降る暖かい日差しとが必要である。そうすれば、あなたが自由になったことに気づくだろう。堅忍すれば、〈昇る〉ことができるのである。

（『道』991）

寛容

＊これこそ犠牲を実行する人の結ぶ風味豊かな果実である。すなわち、他人の惨めさに対しては思いやりと寛容、そして、自己の惨めさに対しては一歩も譲らぬ厳しさ。
（『道』198）

＊ときに私たちは、傍らで微笑んでいてくれる人を必要とする。これを忘れないでほしい。
（『拓』57）

＊「神父さま、たとえ傷だらけになっても、いつも微笑みを絶やさず、和やかな心でいる決心をしたのでお知らせします」

的を射た決心だと思う。あなたがその決心を果たせるよう祈ります。（『拓』76）

＊処女マリアのもとへ行き、自分の罪とあらゆる時代の人々の罪に対する、愛の痛みを伴った痛悔と悔俊の贈物を、聖母があなたへの愛情のしるしとしてお恵みになるよう願いなさい。このような心で大胆につけ加えなさい。「御母、生命、私の希望よ、御手ずからお導きください。そして今、万一私のうちに父なる神を不愉快にするところがあれば、あなたの助けによってそれを見つけ、そしてあなたと二人で抜き去ることができますように」

恐れずに話を続けなさい。「寛容、仁慈《じんじ》、甘美でおられる処女《おとめ》マリアよ、御子のいとも愛すべきみ旨を果たすことによって、私たちの主イエス・キリストの御約束にかなう者となり、それを味わい楽しむことができますように」

（『鍛』161）

＊譲歩する態度と譲歩しない態度とを両立させた、あの博学で聖なる人の寛容には、本当に感動した。その人は、「神を侮辱しない限り、どんなことにも妥協しよう」と言ったのである。

（『鍛』801）

親切

＊ある人は、直属の上司が怒りっぽく粗野な人だったが、神に促されてこう言っていた。感謝いたします。わが主よ。あなたはこの真に神的な宝物をくださいました。親切な行いをするたびに蹴り返すような人を、そう簡単に見つけることはできませんから。

（『道』190）

＊完全に神を愛するなら、隣人との付き合いにおいて利己主義や無頓着になることはない。

（『拓』745）

＊信心生活をしているなら、神の子として、キリスト者としての身分にふさわしい徳が実行できるようになるだろう。それらの徳と同時に、些細なことのように見えるが実は優れた一連の霊的価値を身につけるだろう。それは道を歩みつつ拾い集め、人々の役に立てるため神の玉座に捧げる宝石類のこと、すなわち、単純さ、喜び、忠誠、平和、小さな放棄、誰にも気づかれない奉仕、義務の忠実な遂行、親切などのことである。

（『鍛』86）

＊隣人のためになることなら、沈黙してはならない。ただし怒ったり不機嫌になったりせずに、優しく言ってあげなさい。

（『鍛』960）

善意

＊真っ直ぐな心と善良な意志。この二つの要素を備え、神のお望みを果たすことに専念すれば、神の愛を憧れる心が満たされ、人々の救いを渇望する心は癒されるだろう。

（『道』490）

＊誰もが金持ちや賢人、有名人になれるわけではないが、誰もが、そう、すべての人が聖人になるよう召されている。

（『拓』125）

＊神への忠実を保とうと思えば、戦いが要求される。本気の戦い、人と人との、つまり古い人と神の人との戦い、小さなこと一つひとつの戦いを脇目もふらずに続けなければならないのだ。

（『拓』126）

＊試練があまりにも厳しいことは否定しない。〈不本意ながらも〉坂道を上るように進まねばならないからである。

どういう勧めをあげようか。〈すべては善のために〉と繰り返しなさい。すべて起こること、〈私に起こることすべて〉は私の役に立つ。だから、難しいことだが、快く、それを受け入れなさい。これこそ的確な結論である。

（『拓』127）

＊今日では、男も女も、善い人であるだけでは十分ではない。それだけでなく、善人であることだけで満足している人は十分に善いとは言えない。〈革命家〉にならねばならないのである。

キリストは、私たちを取り巻く快楽主義や唯物主義、異教的な雰囲気に対して、妥協を拒否する愛の反逆者をお望みなのである。

（『拓』128）

謙譲

＊あなたが謙遜で掘った深い穴に、償いによって、怠慢と咎と罪を埋めなさい。このように、農夫も腐った実や枯れ枝や落ち葉を木の根元に埋める。こうして不毛であったもの、むしろ有害であったものが、新たな肥沃さの因《もと》として力を発揮するのである。失敗から前進のはずみを、死から生命を引き出しなさい。

（『道』211）

＊謙遜になるのは、自らへりくだる時ではなく、人に卑しめられ、キリストのために

それを耐え忍ぶ時である。

(『道』594)

＊謙遜の価値は偉大である。「身分の低い、この主のはしためにも、目を留めてくださったからです」。聖母がザカリアの家で喜びの賛歌をうたったのは、信仰や愛、無原罪の気高い清らかさ以上に、謙遜のゆえであった。

「主はわたしの謙遜をかえりみてくださった。そのために、今からのち、人々は代々に、わたしを幸いな者と呼ぶでしょう」

(『道』598)

＊「神父さま、どうしてこんな〈屑〉のような私を我慢してくださるのですか」

深い痛悔の心でゆるしの秘跡を受けた後、あなたはこう尋ねた。

私は黙って考えた。自分が屑、それも屑の山であると謙遜に感じているのなら、その惨めさを何か偉大なものに変えることができるのではないか、と。

(『道』605)

＊謙遜は心の平和を得るためのもう一つのよい道である。イエスはこう仰せられた。

「わたしは心の柔和な遜《へりくだ》った者であるから、…わたしに学びなさい。そうすれば霊魂は安らぎを得るだろう」

（『道』607）

＊〈祈り〉は、自らの計り難い惨めさと神の偉大さを認める人の謙遜である。そのような人は神に向かい、神を礼拝し、すべてを神に期待して自分自身には何ものをも期待しない。
〈信仰〉は理性の謙遜である。理性が謙遜であれば、自らの判断を捨て、教会の判断と権威の前にひれ伏す。

〈従順〉は意志の謙遜である。意志が謙遜であれば、神ゆえに、他人の意志に従う。

〈貞潔〉は肉体の謙遜である。肉体が謙遜であれば、精神に従う。

外的な〈犠牲〉は感覚の謙遜である。

〈償い〉は神にささげた情念すべての謙遜である。

そして、謙遜は内的戦いの道における真理である。

（『拓』259）

＊生涯を終えるまで戦う人、失策や過ちを犯すたびに立ち上がり、謙遜な心で愛と希望に溢れて勇敢に歩みを続ける人――こういう人を聖人と呼ぶ。

（『鍛』186）

誠実

＊私が絶えず説く幸いな兄弟愛をあなたが実行していないようなので、聖ヨハネの愛のこもった言葉を思い出させたい。

「子たちよ、言葉や口先だけではなく、行いをもって誠実に愛し合おう」

（『道』461）

＊神のみ旨を求める者のために、前もって聖霊が準備してお与えになる考え、平和をもたらす思いがある。「主はわたしの羊飼い、わたしには何も欠けることがない」

誠実な心でこの言葉を繰り返す人に、不安を与えるものがありうるだろうか。

（『道』760）

＊ごらん。使徒たちには誰の目にも明らかで否定できない惨めさがあったが、誠実かつ単純…、何も隠さず透明だった。あなたにもやはり誰の目にも明らかで否定できない惨めさがある。願わくは、あなたに単純さ・純真さの欠けることがないように。

（『道』932）

＊何をするにも神のみ前にいることを忘れないように。そうすれば、人に隠すべきことなどなくなる。

（『拓』334）

＊悩みや苦しみは終わった。霊的指導者に対して誠実であれば、複雑でややこしい事柄も、驚くほど簡単に解決できることがわかったのである。

（『拓』335）

＊親や教師、霊的指導者が、徹底的に誠実であれと他人に要求しておきながら、本当のことをそっくりそのまま聞かされて驚くようなら、重大な過ちを犯すことになる。

柔和

＊あの人やこの人の性格とぶつかる。避けられないことだ。あなたは誰もが喜ぶ金貨ではないのだから。（『拓』336）

そればかりか、隣人と接するときに生じるそのような摩擦がなければ、どのようにして刺々《とげとげ》しさや凹凸《おうとつ》――あなたの気質の不完全さや欠点――を取り除き、柔和と磨かれた洗練、確たる優しさをもつ愛徳・完全性を備えた人になれるというのか。

あなたと隣人の性格が綿菓子のように甘くてふんわりしたものなら、決して自らを聖化することはできないだろう。（『道』20）

＊あの人は欠点だらけだというのか？　そうだ。しかし完全な人は天国にしかいないし、あなたも自分の欠点を引きずっているのではないのか。それにもかかわらず、人々

は辛抱してくれるだけでなく尊敬さえしてくれる。あれほど惨めな弟子たちを愛したイエス・キリストの愛で、皆があなたを愛してくれているからである。学びとりなさい。

（『拓』758）

＊ときにはわざと腹を立てる必要があるだろうし、また、ときには弱さに負けて腹を立てることもあるだろう。

いずれにしろ、その腹を立てた状態がほんのわずかの間しか続かないようにしなさい。しかも、常に愛徳、つまり愛情のこもった立腹でなければならない。

（『拓』821）

＊キリスト的愛徳と人間としての優雅さから言っても、他人との間に深い淵を作らぬよう、また隣人を追い詰めず、常に言い訳の機会を残しておくよう、努力しなければならない。彼らが今以上に〈真理〉から離れぬためである。

（『拓』865）

＊母親、つまり良い母親であるならば、子どもを抱くとき子どもを傷つけないよう、ピンや針を身につけないよう注意する。
それと同じく人々と接するとき、できるだけ柔和な態度、そして力強い態度を示さなければならない。

（『拓』959）

節制

＊この世の富に執着しないように。心の貧しさを愛し、それを実行しなさい。質素で節制の利いた生活を送るために必要な分だけで満足すべきである。さもなければ、あなたは決して使徒にはなれないだろう。
（『道』631）

＊普段、あなたは食べ過ぎる。その満腹がしばしば招く重苦しさや不快感が禍《わざわい》となって、あなたは超自然的な宝を味わうことができなくなり、頭は鈍くなる。
この世のためにも、節制は素晴らしい徳である。
（『道』682）

＊犠牲がなければ、この世での幸せはあり得ない。（『拓』983）

＊もっと犠牲の人になる決心をすれば、内的生活はもっと良くなり、もっと多くの実を結ぶだろう。（『拓』984）

＊小さな事柄を念入りに果たそうと思えば、絶え間のない犠牲が必要になる。そしてそれは、人々の生活をもっと過ごしやすくするための道である。（『拓』991）

貞潔

＊聖なる純潔は、謙遜に願うとき、神がお与えになる徳である。（『道』118）

＊世間の直中《ただなか》で天使のような生き方をする人が大勢いる。あなたにもできるはずだ。（『道』122）

＊清く生きようと堅く決心すれば、貞潔はあなたにとって重荷ではなく、勝利の冠となるだろう。（『道』123）

＊貪食は、純潔に反する行いへの第一歩である。（『道』126）

＊情欲と話し合ってはならない。情欲は、軽蔑しなさい。（『道』127）

＊羞恥心と慎み深さは、純潔の弟である。（『道』128）

＊イエスよ、私の心を幾重にも覆う、腐敗した情欲の疥癬に病んだ皮膚を取り除いてください。心にささやきかける聖霊の示しを感じとり、容易に従うことができるようになるためです。（『道』130）

＊たとえ嘆くためであっても、卑猥な事柄や出来事を話題にしてはならない。忘れな

いでほしい。その種の話は松脂《まつやに》のようにくっつきやすいのである。話題を変えなさい。万一、それができないときは、霊魂の値打ちを知る人の徳である、聖なる純潔の必要性とその美しさについて話を続けなさい。（『道』131）

*「わたしはなんと惨めな人間なのだろう。死に定められたこの体から、だれがわたしを救ってくれるのか」私はなんと不幸な人間なのだろう。この死の体から私を解き放つのは誰だろう。聖パウロはこのように叫んでいる。元気を出しなさい。パウロも戦っていたのである。（『道』138）

*誘惑に襲われたときには、天国で待っておられる神の愛に思いを馳せなさい。希望の徳を育むのだ。それは寛大さの不足ではないのだから。（『道』139）

*何が起こっても同意しないかぎり、心配しなくてもいい。ただ意志の同意だけが心

の扉を開いて、そのような忌み嫌うべきことを受け入れることができるのだから。

（『道』140）

＊「主よ、御心ならば、わたしを清くすることがおできになります」

主よ、お望みなら、私を治すことがおできになります。なんと美しい祈りだろう。神とあなたと私とが知っていることが起こったなら、あの重い皮膚病に苦しむ哀れな人のような信仰をこめ、幾度も幾度も繰り返しなさい。まもなく、師キリストの答えが聞こえてくることだろう。

「よろしい、清くなれ」、わたしは望む、治れ、と。

（『道』142）

＊純潔を守るために、アシジの聖フランシスコは雪の中を転がり、聖ベネディクトは茨の茂みに身を投げ、聖ベルナルドは凍りついた池に飛び込んだ……。

あなたは何をしたのか。

（『道』143）

＊全生涯にわたる一点の汚れもない純潔が、十字架を前にするヨハネを強くした。ほかの使徒たちはゴルゴタから逃げるが、ヨハネはキリストの母と共にとどまった。純潔は性格を強め、雄々しくすることを忘れないでおこう。

（『道』144）

出典とした黙想のための三部作『道』『拓《ひらく》』『鍛《きたえる》』は現在絶版となっており再販未定ですが、電子書籍として入手できます。

あとがき　～感謝をこめて～

本書は、ホセマリア・エスクリバー神父の生誕百年を記念する伝記として、二〇〇二年一月九日付で発行された拙著『天と地をつなぐ　属人区オプス・デイ創立者ホセマリア・エスクリバー小伝』（精道教育促進協会）の改訂版である。

旧版は、日本人の手による初めて（かつ唯一）のホセマリア・エスクリバー神父の伝記であった。十七年前、精道学園（長崎市）の一教師だった私は、多忙の中で、エスクリバー神父がよく口にした言葉「主は、椅子の足ででも物をお書きになる」を信じ、神の道具になることを願って書いた。取材のために夏休みにはローマとスペイン各地を旅し、その後は本業の傍ら原稿の執筆・修正と格闘し、一年間半以上をかけてようやく発行できた。その過程で、世界中のどれだけ多くの方が祈り、ご協力くださったかしれないが、多くの方々の助けがなければ到底できなかったと感謝している。

あれから、オプス・デイにはさまざまな進展があった。まず、発行当時は福者であったエスクリバー神父は、同じ年の十月六日に列聖された。後継者としてオプス・デイの属人区長となっていたアルバロ・デル・ポルティーリョ司教は、二〇一四年に列福された。さらに現在、十六名のメンバーが列福・列聖手続き中である。

このように聖座から聖ホセマリアの教えの正当性は認められ、世界中の人々に少しずつ知られるようになった。日本でも、二〇一八年六月に大阪大司教区の補佐司教にオプス・デイの酒井俊弘神父が任命され、七月に司教に叙階されるなどのお恵みがあった。そのため、今まで関心がなかった方の中にも「オプス・デイ属人区って、何？」「聖ホセマリアって、どんな聖人？」など素朴な疑問をもつ方が、だんだん増えてくるのではないだろうか。

その考えていた折、昨年の六月二十六日（聖ホセマリアの帰天記念日）のミサの中でひらめいた。出版社が閉鎖して手に入りにくく、かつ内容も古くなっている旧小伝の改訂版を出すことを。

早速、馴染みのあるドン・ボスコ社編集部に提案したところ、賛同を得た。しかし、そのますんなりとはいかなかった。旧版は、一般の人にはわかりにくい部分が多いとのご指摘を受け、さまざまなご指導や助言をいただいた。それに応じて、章立てを変え、文章や語句の修正をした。日本での内輪話に思われる部分は割愛した。しかし、聖ホセマリアの列聖後、十六年を経て加筆したところも多い。最終章として新たに加えた「聖ホセマリア・エスクリバーの言葉」は、読者が黙想に活用できるようにという編集部からのアイデアである。

こうして発行された本書が、一般の方によりわかりやすく、かつ役立つ本になったのであれば、ドン・ボスコ社社長の関谷義樹神父様、編集部の金澤康子さんなど、ドン・ボスコ社の皆様のおかげである。
最後に、蛇足になるかもしれないが、「はじめに」の冒頭に紹介したものと類似する、聖ホセマリア・エスクリバーの言葉を記しておく。

「天と地はあの遠い地平線のあたりで一体になっているようだ。ところで、天と地が本当に一体になるのは、神の子であるあなたの心の中である。これを忘れないでほしい」(『拓』309)

この本を読んだ「あなた」が、天と地をつなぎたいという望みがもてれば、それは神の恵みであり、その望みに従って日常生活を聖化していくならば、父である神も、天国の聖ホセマリアも、愛情をもって助けてくださると思う。

皆様、最後まで読んでくださりありがとうございました。

本書のために、祈り、ご協力くださったすべての方々にも、心より感謝申し上げます。

二〇一九年一月九日

著者

付録

聖ホセマリアの年表

一八九八年九月十九日		両親の結婚。
九九年七月十六日		長女カルメンが生まれる。
一九〇二年一月九日		バルバストロにて誕生。
〇二年一月十三日		バルバストロのカテドラルにて洗礼。
〇二年四月二十三日		堅信。
〇四年	二歳	病死の危険・トレシウダの聖母庵への巡礼。
〇八年	六歳	小学校入学。
一〇年	八歳	妹のロサリオ（九カ月）が病死。
一二年四月二十三日	十歳	初聖体を受ける。妹のロレッタ（五歳）が病死。

一三年　十一歳　妹のアスンシオン（八歳）が病死。
一六年　十四歳　ログローニョに移り住む。
一七年　十五歳　雪の足跡を見て神のみ旨を予感する。
一九年二月二十八日　十七歳　弟サンティアゴが生まれる。
二〇年　十八歳　神学校生活に入る。法学の勉強を開始する。
二四年十一月二十七日　二十二歳　父ホセ・エスクリバーが亡くなる。
十二月二十日　助祭に叙階される。
二五年三月二十八日　二十三歳　サラゴサにて司祭に叙階される。
三月三十日　ピラールの聖母教会で初ミサをたてる。
三月三十一日　主任司祭としてペルディゲーラに赴任する。
五月十三日　法学学士号を取得するためにサラゴサに戻る。

一九二七年	二十五歳	法学博士号を取得するためにマドリードに移る。 病人援護会の主任司祭を務める。 ローマ法と教会法を教えるとともに数多くの病人訪問を行う。
二八年十月二日	二十六歳	オプス・デイ創立。
三〇年二月十四日	二十八歳	女性の使徒職を開始する。
八月二十四日		イシドロ・ソルサノがメンバーとなる。
三一年十月十七日	二十九歳	「自分は神の子である」との考察を深める。
十二月十三日		守護の天使に助けられ「小ロバよ」とささやかれる。
三二年二月	三十歳	瀕死のロマの男の回心に立ち会う。
三三年十二月三十日	三十一歳	オプス・デイ最初のセンターDAYアカデミーを始める。

三四年六月	三十二歳	『道』の基となる『霊的考察』初版を出版する。
三五年七月七日	三十三歳	アルバロ・デル・ポルティーリョがメンバーになる。
三六年七月十八日	三十四歳	スペイン内戦が勃発する。
三七年十一月十九日	三十五歳	ピレネー山脈越えを行う。
三八年一月	三十六歳	ブルゴスに居を定め、広範な使徒職活動を始める。
三九年三月二十八日	三十七歳	マドリードへ帰還する。
四月一日		スペイン内戦が終結する。 『道』『聖なるロザリオ』を発行する。
十二月		マドリード大学から法学博士号を授与される。 一九四六年までスペイン各地で使徒職活動を行う。
四一年	三十九歳	無理解による迫害が激しくなる。

一九四一年三月十九日　オプス・デイはマドリード司教の認可を受ける。

四月二十二日　母マリア・ドローレスが亡くなる。

四三年二月十四日　四十一歳　聖十字架司祭会を創立する。

十月十一日　聖座がオプス・デイに最初の認可を与える。

四四年六月二十五日　四十二歳　最初の三人の司祭が誕生する。

九月　糖尿病と診断される。（一九五四年まで続く）

四六年二月　四十四歳　アルバロ・デル・ポルティーリョ神父がローマへ行き、「あなた方は百年早過ぎる」と言われる。

六月二十三日　ローマに着く。

七月十六日　教皇ピオ十二世との私的謁見が許される。

十二月八日		二度目の謁見。 ローマに居を移す。 続く数年間に使徒職活動のためにヨーロッパ各地を訪問する。
四七年	四十五歳	現在の本部ビラ・テベレの建物を獲得する。
四八年六月二十九日	四十六歳	聖十字架ローマン・カレッジを設立する。
五〇年六月十六日	四十八歳	教皇ピオ十二世によりオプス・デイの最終認可を与えられる。
五二年十月	五十歳	スペイン、パンプローナ市にてナバラ大学の設立。
五三年十二月十二日	五十一歳	聖マリア・ローマン・カッレジを設立する。
五五年十二月	五十三歳	ラテラノ大学より神学博士号を授与される。
五七年六月二十日	五十五歳	姉カルメンが亡くなる。

一九五八年四月十九日　五十六歳　ホセ・ルイス・ムスキス神父が日本からの最初の手紙を送る。

十一月八日　ジョセフ・レイモンド・マドゥルガ神父が来日し、日本での使徒職活動が始まる。

六〇年　五十八歳　ナバラ大学の総長に就任する。
ローマのオプス・デイ本部にいながら、以後も世界各国に使徒職をますます広げていく。

七〇年五月十五日　六十八歳　メキシコへカテケージスの旅に出かける。
グァダルーペの聖母への九日間の祈り。
以後、一九七五年までイベリア半島や中南米へのカテケージスの旅を行う。

七五年五月二十三日　七十三歳　トレシウダの聖母聖堂の工事を視察する。

六月二十六日	ローマの執務室で帰天。 当時オプス・デイの信者は五大陸八十カ国に広がり、六万人にのぼっていた。 その後、世界全体の三分の一にあたる司教を含め、全世界の数千名にのぼる人々から聖座に対して列聖調査開始願いが届く。
八一年二月十九日	列聖手続きがローマで開始。
八二年十一月二十八日	オプス・デイは、エスクリバー神父が予見していたとおり属人区として設置される。
九二年五月十七日	教皇ヨハネ・パウロ二世により列福される。
二〇〇二年十月六日	教皇ヨハネ・パウロ二世により列聖される。

オプス・デイは、教区でもなく修道会でも在俗会でもなく、属人区である。属人区についてでは教会法に明記されている（『カトリック新教会法典』第四部「属人区」第二九四条〜二九七条）が、新しいゆえにわかりにくい教会組織かもしれない。そこで、簡単に補足説明をしておきたい。さらに詳しく知りたい方は、公式ホームページ https://opusdei.org/ja-jp/ をご覧いただければ幸いである。

属人区《ぞくじんく》とは

属人区とはカトリック教会の部分をなすもので、特定の信者によって構成され位階的な組織をもつ。つまり、属人区の頭であり一致の原理である属人区長、また属人区長の下で働く司祭と助祭を有する。属人区に固有な使命は、信者の信仰生活を促進し、属人区の信者が所属している教区の活動を補完しながら、教会の福音宣教に協力することにある。世界的なレベルで存在している最初の（そしておそらく唯一の）グループは「オプス・デイ」である。

オプス・デイとは

オプス・デイ（ラテン語「Opus Dei」は「神の御業」の意味）は、カトリック教会の一部を構成する属人区の最初の一つにあたる。正式名称は、「属人区聖十字架とオプス・デイ」である。一九二八年十月二日、神の霊感を受け、聖ホセマリア・エスクリバーによって創立された。現在、五大陸に九万人以上の信者を有し、本部はローマにある。その使命は、専門職と日常生活におけるさまざまな状況をとおして、社会の中で聖性の追求と使徒職（福音宣教）を実行すること、およびその理想を広めることにある。

オプス・デイへの所属

オプス・デイに所属するには、超自然的召命が必要である。全生涯を神への奉仕のため、さらにすべての人は仕事と日常生活をとおして聖性に至ることができるという教えを広めるために、神に招かれていることが必要なのである。オプス・デイに所属したとしても、普通の市民でありカトリック信者であることに変わりはない。それまでと同じように司教区に属しており、政治的あるいは宗教的、文化的な活動を自由に行う。

オプス・デイ属人区と交わす約束は契約の性格をもつものであって、修道会に固有な清貧、貞潔、従順からなる誓願ではない。オプス・デイへの所属によって、それまでの仕事や社会生活が変わることもない。世間から離れて生活するのではなく、まさしく世間の真っ只中で生きる。オプス・デイの召命は、日々、家庭や町中、職場において神と出会うことにある。こうして、神とともに生きる喜びを人々に伝えていく。

メンバーの列福・列聖手続き

二〇一九年現在、十六名のオプス・デイのメンバーが列福・列聖手続き中である。その内訳は、司教三名、司祭二名、信徒十一名でうち六名は女性。信徒は、学生、大学教授、医師、化学研究者、家政婦、主婦など多様である。オプス・デイの聖性と多様性を表す代表的な人物たちを数名記しておく。なお、「尊者」とは教皇庁列聖省が列聖を最終的な目的とする調査の開始を宣言した後、さまざまな調査によって、その人物の生涯が英雄的、福音的な生き方であったと公認するときにつける敬称。次の段階が「福者」さらには「聖人」となる。

＊福者アルバロ・デル・ポルティーリョ（一九一四年〜一九九四年）　土木工学、哲学、神学の三分野の博士号を取得。司祭として、常にエスクリバー神父の傍らで働きながら、第二バ

チカン公会議でも教会に貢献した。エスクリバー神父帰天後、後継者としてオプス・デイの総長（後に属人区長）となった。二〇一四年に列福。

*尊者イシドロ・ソルサノ（一九〇二〜一九四三）　聖ホセマリアの同級生。社会の中で仕事をして聖性を求め、闘病生活の後、聖徳の誉れのうちに帰天。

*尊者モンツェ・グラセス（一九四一年〜一九五九年）　バルセロナ出身の女子学生。英雄的な剛毅で、病気（癌）の苦しみを受け入れながら喜びを失うことなく、多くの友人を神に近づけて、十七歳で帰天。

*尊者　グアダルーペ・オルティス・デ・ランダスリー（一九一六年〜一九七五年）　マドリード出身の女性化学研究者。スペイン、メキシコ、イタリアで、喜びにあふれた模範と友情を通して人々に神を近づけた。二〇一九年五月十八日、列福される予定である。

*ドラ・デル・オヨ（一九一四年〜二〇〇四年）　スペイン出身の家政婦。洗濯や掃除のような

家事を通して平凡な生活の中で聖性を求めた。

＊エドゥワルド・オルティス・デ・ランダスリ（一九一〇年～一九八五年）　スペイン人の大学教授・医師。専門職を聖化し、主婦である妻ラウリータ・ブスカ・オタエギ（一九一三年～二〇〇〇年）と七人の子どもを育て、キリスト教的な明るく喜びに満ちた家庭を実現した。夫婦で別々に列福・列聖手続き中である。

参考文献

『オプス・デイ創立者』全3巻（アンドレス・バスケス・デ・プラダ　尾崎明夫訳　邦訳未刊）
『ホセマリア・エスクリバー　オプス・デイ創立者小伝』（サルバドル・ベルナル著　精道教育促進協会）
『ホセマリア・エスクリバーの伝記　神に「はい！」と答えた人の物語』（ミゲル・アンヘル・カルロス、イザベル・トーラ著　吉津喜久子他訳　精道教育促進協会）
『パドレの思い出　オプス・デイ創立者について』（アルバロ・デル・ポルティーリョ、チェザーレ・カヴァレッリ著　郡山敬訳　精道教育促進協会）
『ホセマリア・エスクリバー・デ・バラゲル　列聖への道程』（フラヴィオ・カプッチ他著　新田壮一郎他訳　精道教育促進協会）
『創立者の横顔　エスクリバー神父とオプス・デイについて』（アルバロ・デル・ポルティーリョ他著　河野守夫他訳　精道教育促進協会）
『オプス・デイに関するインフォメーション２０００』（ベアット・ミューラー著　オプス・デイ広報室）

『オプス・デイ』(ドミニック・ル・トゥルノー著　尾崎正明訳　白水社)
『聖書　新共同訳』(日本聖書教会)
『新カトリック大事典』(研究社)
『カトリック小事典』(エンデルレ書店)
『カトリック教会のカテキズム　要約』(カトリック中央協議会)
Tiempo de Caminar, Ana Sastre, RIALP, 1989
UN HOMBRE DE DIOS, PALABRA, 1992　CRONICA DE LA BEATIFICACION, RIALP, 1992
El hombre de Villa Tevere, Pilar Urbano, PLAZA & JANES, 1995
EL FUNDADOR del OPUS DEI, Senor, que vea!, Andres Vazuquez de Prada, RIALP, 1997
AT GOD'S PACE, Francois Gondrand, SCEPTER, 1982
FOOTPRINTS IN THE SNOW, Dennis M. Helming, 1986
BLESSED JOSEMRIA ESCRIVA, Founder of Opus Dei, Andres Vazquez de Prada, 1992
OPUS DEI, Vittorio Messori, REGNERY PUBLISHING, INC., 1997

❖著者略歴

中井俊已（なかい・としみ）

長崎大学在学中、ローマにて聖ヨハネ・パウロ二世教皇より受洗。私立小・中学校教諭を経て、現在は作家・教育評論家として執筆・講演活動を行っている。著書に『マザー・テレサ愛の花束』（PHP研究所）『永井隆』（童心社）『平和の使徒ヨハネ・パウロ二世』『クリスマスのうたものがたり』『1945年ながさきアンジェラスのかね』（以上ドン・ボスコ社）など多数。

聖《せい》ホセマリア・エスクリバー
天《てん》と地《ち》をつなぐ道《みち》

2019年2月14日　初版発行

著　者　中井俊已
発行者　関谷義樹
発行所　ドン・ボスコ社
〒160-0004　東京都新宿区四谷1-9-7
TEL03-3351-7041　FAX03-3351-5430
装　幀　幅 雅臣
印刷所　株式会社平文社

ISBN978-4-88626-642-2
（乱丁・落丁はお取替えいたします）